AF577447

Titus Müller

Gaby Trombello-Wirkus

Die fast vergessene Kunst des Briefeschreibens

Titus Müller &
Gaby Trombello-Wirkus

Die fast vergessene Kunst des Briefeschreibens

adeo

Inhalt

Einführung:

Die fast vergessene Kunst des Briefeschreibens

»Das Einzige, was wir verloren haben, ist die Zeit, die wir mit unserem Zorn und unseren Klagen vertan haben. Man hätte diese Zeit retten und stattdessen irgendetwas anderes schaffen sollen, einen Tisch, einen Brief, ein Liebeslied …«[1]

Consuelo de Saint-Exupéry

Ich habe eine besondere Beziehung zu Briefen.

Während meiner Schulzeit in der DDR wurde mir ein russisches Mädchen als Brieffreundin zugewiesen. Meine Motivation, Russisch zu lernen, wuchs rapide. Ich erinnere mich an ihre schöne Handschrift und an die Freude, die es machte, Briefe von ihr zu empfangen.

Dann fiel die Mauer, und ich verbrachte mit 15, als Teenager, zusammen mit meiner Familie ein Jahr in den USA. Während dieser Zeit lernte ich George Dunder kennen. Seine Frau kochte

Suppe für einige Freunde und mich, und wir verbrachten anderthalb Stunden in ihrem Haus. George saß im Rollstuhl, er liebte seinen Garten, und wir unterhielten uns gut.

Ich sah George nur dieses eine Mal. Aber wir schrieben uns von da an Briefe, über Jahre hinweg. Ich teilte alles mit ihm – mein erstes Verliebtsein, meine Lebensträume, bedrückende Fremdheitsgefühle (die wohl jeder Teenager durchmacht) genauso wie Höhenflüge. Er war weit weg, auf einem anderen Kontinent. Ich vertraute ihm Dinge an, die ich nicht einmal meiner Familie erzählte.

Eines Tages schrieb er mir: »Titus, deine Briefe sind was Besonderes. Du solltest aus dem Schreiben etwas machen.«

Er war ein Mentor für mich geworden, und er half mir zu sehen, wo meine Talente lagen. Ich fing an, Biografien von Autoren zu lesen. Ich gründete eine Literaturzeitschrift, die *Federwelt*, und erzählte ihm begeistert davon.

Inzwischen habe ich über ein Dutzend Romane und etliche Erzählungen und Sachbücher veröffentlicht und ernähre meine Familie mit dem Schreiben. Dass ich gewagt habe, diesen Weg einzuschlagen, verdanke ich dem Briefwechsel mit George.

Kein Wunder also, dass die fast vergessene Kunst des Briefeschreibens mir am Herzen liegt. Viele Erfindungen vergangener Jahrhunderte brauchen wir nicht mehr. Zwischengas beim Autofahren? Braucht kein Mensch. Klobige Datasetten statt winziger USB-Sticks? Zum Glück abgeschafft. Kratzige Unterwäsche aus Wolle? Muss nicht sein.

Es gibt aber auch Errungenschaften der Menschheit, die sich über die Jahrhunderte kaum verändert haben und die wir nicht entbehren wollen. Die Brille. Das Rad. Frisch gebackenes Brot. Bücher.

Wie sieht es mit Briefen aus?

Während wir dieses Buch schreiben, will die Post in Deutschland das Austragen von Briefen an Montagen beenden. Sie will ihr Filialnetz ausdünnen und zudem die Vorgabe lockern, dass 80 Prozent aller Briefe am nächsten Tag bei ihren Empfängern sein müssen. (Wozu sie bisher gesetzlich verpflichtet ist. Im Gegenzug für diese flächendeckende Versorgung ist die Post weitgehend von der Mehrwertsteuer befreit.)

Ich finde es nicht schlimm, wenn montags keine Post mehr im Kasten ist. **Aber es ist unverkennbar: Der Brief ist auf dem absteigenden Ast.** Dabei schreibt man nirgendwo auf der Welt so fleißig wie bei uns. Immer noch sind es knapp 60 Millionen Briefe jeden Tag, die von der Post befördert werden. Gerade in Zeiten der Corona-Krise sind persönliche Begegnungen erschwert und ein Brief kostbar wie der Besuch eines guten Freundes.

Vor hundert Jahren wurde die Post zweimal täglich ausgetragen, außer sonntags, da kam sie nur einmal. Kleine Poststationen fuhren mit dem Zug mit; man konnte einen Brief, wenn er besonders schnell befördert werden sollte, direkt zum Bahnhof bringen und am Gepäckwagen bei der Bahnpost einwerfen, kurz bevor beispielsweise der Schnellzug von Prag nach Berlin losfuhr. Der Brief hatte einen anderen Stellenwert, als das heute der Fall ist.

Ich bin kein rückwärtsgewandter Mensch. Ich genieße zum Beispiel die Fußbodenheizung bei uns im Bad. In meiner

Kindheit mussten meine Eltern noch Eimer voller Kohle aus dem Keller heraufschleppen und Öfen beheizen, heute wird über Leitungen von Tausenden Kilometern Länge Erdgas in unser Haus gebracht und verbrennt in einer Therme und sorgt für Wärme in der Wohnung. Ich schätze die beschleunigte Bahnstrecke von München zu meinem Bruder nach Berlin (jetzt nur noch viereinhalb Stunden!), und ich schreibe E-Mails, weil ich nicht gern telefoniere. So kann ich mit meinem anderen Bruder, der in den USA lebt, kommunizieren, ohne wochenlang auf Antwort zu warten.

Aber eine E-Mail schreibt man anders als einen Brief. Die Mail wird vom Gegenüber eilig überflogen, beantwortet und weggeklickt, das wissen wir beim Verfassen. Entsprechend zerstreut ist unsere Stimmung, während wir die Mail tippen. Sie wird nicht von ihm zum Tisch getragen, behutsam geöffnet, glatt gestrichen und dann genussvoll gelesen. Sie wird nicht jahrelang in einer Schuhschachtel aufbewahrt und später wieder herausgeholt, um sie erneut zu lesen. E-Mails haben etwas Bürohaftes, sie tragen den Beigeschmack von Strafarbeit, von Erledigung, auch wenn wir täglich mehrmals voller Gier unser Mailpostfach überprüfen. Sobald neue Mails geöffnet sind, sinkt ihr Wert für uns rapide.

Ein Brief dagegen verhilft nicht nur dem Empfänger zu tiefgründigen Gedanken, er schenkt auch dem Schreibenden etwas: Konzentration und die wohltuende Versenkung in einen Gedankengang.

Einen Brief beginnt man nur, wenn die Tagessituation eine gewisse Ruhe und Konzentration ermöglicht, während eine

Mail oder ein Anruf einen jederzeit ereilen können, man hat den Kopf voll mit anderem, geht unkonzentriert an den Apparat und ist gezwungen, plötzlich zu reagieren, ist während des Redens womöglich außerdem abgelenkt von den anderen Leuten im Raum, den wartenden Aufgaben, den Nebenbei-Tätigkeiten (meine Frau spült während des Telefonierens ab oder legt Wäsche zusammen). Wir sind »eigentlich gerade auf dem Sprung«, unsere Konzentration ist nur oberflächlich. Im echten Gespräch sind wir schlagfertiger und präsenter als beim Telefonieren – und ebenso im Brief, für den wir uns sammeln können.

Indem jemand sich im Brief ausdrückt, ordnet sich sein Leben. Er nimmt seine Ziele fester in den Blick, kann sich eine neue Klarheit schaffen. Das Eintauchen ins eigene Bewusstsein (das wir in der Eile des Alltags meist lieber vermeiden, aus Sorge, in diffusen Gefühlsbereichen herumzutasten und uns darin zu verirren), ist hier gewollt: Beim Schreiben eines Briefs durchwandern wir dieses Land mit neu gewonnener Sicherheit. Insofern hat der Brief Ähnlichkeit mit dem Tagebuch, er hilft dabei, mich zu formen.

Für eine Mail brauche ich Mikroprozessoren, die von Lüftern gekühlt werden, Speicherplatz, Strom, eine Internetverbindung, einen Bildschirm, eine klackernde Tastatur. **Für einen Brief genügen ein Blatt Papier und ein Stift.**

Ein Brief macht den Tag schöner

Echte Briefe sind heutzutage selten geworden. Umso mehr werden sie geschätzt. Sie geben uns das Gefühl, für jemanden wichtig zu sein. **Ein Brief macht den Tag schöner, und nichts anderes hat der Absender bezweckt.**

Menschen wie Gaby Trombello-Wirkus sind in der Lage, diesen Schönheitsgenuss noch zu steigern, indem sie die Schrift zum Kunstwerk machen. In ihrem SCHRIFTSCHATZ-Atelier in Düsseldorf lehrt sie andere Menschen die Kunst des schönen Schreibens. Ihre Schrift singt, sie ist musikalisch.

Als wir uns trafen, war mir schnell klar, dass Gaby und ich uns für dieses Buchprojekt perfekt ergänzen. Nicht nur, weil meine Handschrift, wenn ich mich nicht sehr bemühe, ausschließlich von mir entziffert werden kann.

Gaby vermag die Stärken des Briefs in einem wichtigen Bereich auszuleuchten, über den ich nur unbeholfen reden kann. Jeder Brief ist ein Unikat, und wenn der Verfasser oder die Verfasserin besondere Liebe in das Schreiben legt, wird er zum Wunderwerk. Ich bin sicher, ihre Kunst wird Sie genauso bezaubern, wie sie mich bezaubert hat.

Gemeinsam würden wir uns freuen, nicht nur Ihre Bewunderung zu wecken, sondern auch Ihre Experimentierbereitschaft und den Wunsch, selbst einmal auszuprobieren, einen Brief schön zu gestalten. Wir hoffen, dass wir einen kleinen Beitrag dazu leisten können, die fast vergessene Kunst des Briefeschreibens ins 21. Jahrhundert hinüberzuretten, und wollen in Ihnen die Lust wecken, wieder einmal zu Stift und Papier zu greifen.

Ein lohnender Blick zurück

Erstaunlicherweise haben, während wir allmählich die Briefpost abschaffen, in Buchform veröffentlichte Briefsammlungen Hochkonjunktur. Wir lechzen nach authentischen Briefen, nach ihrer pointierten Tiefe. Die Zusammenstellung von Briefen bekannter Persönlichkeiten mit dem Titel »Letters of Note«[2] war ein Bestseller in vielen Ländern. Inzwischen sind weitere Bände erschienen, und Events mit dem Titel »Letters live«, bei denen Promis wie Benedict Cumberbatch, Katie Holmes, Jude Law und Sir Ben Kingsley Briefe vorlesen, locken große Menschenmengen in die Säle in London, New York oder Los Angeles. Währenddessen erscheinen weitere Briefsammlungen berühmter Autoren, Künstler, Wissenschaftler oder die gesammelten Briefe eines Liebespaars.

In Europa glaubte man lange, es gehe mit der Menschheit ausschließlich vorwärts und aufwärts. Die Technik würde helfen, alle Probleme zu lösen, und vom Wissen und den moralischen Standards her entwickele sich die Gesellschaft immerzu weiter.

Der Untergang der Titanic gab dieser Sichtweise den ersten Dämpfer. Dann kamen der Erste und der Zweite Weltkrieg, und man bemerkte erschrocken, dass es auch bestürzende Rückschritte geben konnte.

Immer noch sehen wir eher nach vorn als zurück, und es ist gut so. Aber es gibt auch vieles, das wir aus der Vergangenheit lernen können. Deshalb widmet sich dieses Buch nicht nur den vielen guten Seiten und Techniken des schönen Schreibens, sondern auch besonderen Briefen von besonderen Menschen, in denen wir Vieles wieder neu entdecken können: Intensität, Offenheit, Briefkunst. Für sie haben Briefe ähnlich viel bedeutet wie für mich selbst. Sie haben den Glauben erklärt und tiefe Gedanken in Worte gekleidet, haben Liebe aufblühen lassen oder sie zerstört, haben Abschied bedeutet und Neubeginn.

Ich hoffe, dass die kleinen Reisen in die Briefwechsel und das Seelenleben bekannter Persönlichkeiten, auf die ich Sie mitnehmen möchte, Ihnen ebenso viel Freude machen wie mir.

Willkommen in der Welt der Briefe!

„Schreiben Sie mir nur ein einfaches Ja?"

Robert Schumann und Clara Wieck

Es ist das Jahr 1828. Robert, Sohn eines Verlagsbuchhändlers und musisch begabt, beginnt aus Vernunftgründen ein Jurastudium. Aber statt sich auf seine Studien zu konzentrieren, spielt er jeden Tag zwei Stunden Klavier. Er spaziert durch Leipzig, nimmt Unterricht beim berühmten Klavierpädagogen Friedrich Wieck, und Wieck erkennt bald sein Talent: Er nennt ihn einen »Tollwütigen« auf dem Klavier.

Friedrich Wieck hat eine Tochter, Clara, sie ist dreizehn und auf dem Weg, eine berühmte Virtuosin zu werden. Auch sie unterrichtet der Vater, und sie tritt in diesem Jahr zum ersten Mal öffentlich auf – im Gewandhaus.

Bald freunden sich Clara und Robert an. Die Dreizehnjährige widmet ihm, der neun Jahre älter ist als sie, ein von ihr selbst komponiertes Klavierstück, »Romance variée«. Robert antwortet darauf, indem auch er ein Musikstück für sie schreibt, das »Impromptu Nr. 5«, und darin Claras Thema aufnimmt. Ein frühes musikalisches Gespräch, als hätten die beiden damals schon geahnt, dass sie einmal ein Paar werden würden.

Noch ist sie ein Kind, und er erzählt ihr Gespenstergeschichten, sie lachen gemeinsam, albern herum. An Liebe ist nicht zu denken.

1829, ein Jahr später, wechselt Robert an die Universität Heidelberg. Auch dort widmet er sich nicht in erster Linie dem Jurastudium, sondern der Musik. Bald ist er der bekannteste Klavierspieler in der Stadt, jeden Abend ist er irgendwo eingeladen, und es kommen sogar Besucher vom Hof in Mannheim, um ihn zu hören.

In einem Brief bittet er die Mutter, sie möge verstehen, dass er sich künftig ganz der Musik widmen wolle. Sie fragt bei Wieck in Leipzig nach, was er davon halte, und der rät zu und sagt, aus Robert könne viel werden.

Robert kommt 1830 also zurück nach Leipzig und zieht jetzt bei seinem Klavierlehrer ein. Die Freundschaft von Clara und Robert vertieft sich. Das Mädchen ist wild und stürmisch, aber auch frühreif-klug. Vor allem zeigt sich ihr überragendes Talent als Pianistin, das durch zahllose strenge Übungsstunden mit dem Vater geschliffen wird.

Roberts Weg als Pianist hingegen kommt abrupt zu einem Ende, als durch einen Nervenschaden der dritte Finger seiner rechten Hand gelähmt wird. Er muss sich auf das Schreiben über Musik und auf das Komponieren verlegen.

Clara und ihr Vater sind auf großen Konzerttourneen unterwegs, Clara tritt in Magdeburg auf, in Braunschweig, Hannover, Bremen und Hamburg.

Als sie 1835 von einer solchen Tournee nach Leipzig zurückkehrt, sieht Robert sie mit neuen Augen. Sie hat sich verändert. Längst ist sie nicht mehr das Kind, das sich bei seinen Gespenstergeschichten gruselte oder über seine Scherze lachte. Ihre weibliche Ausstrahlung fasziniert ihn, macht ihn scheu.

Als er auf Verwandtenbesuch in Zwickau ist, vermisst er Clara. Er hat ihr schon früher, als sie noch ein Kind war, Briefe geschrieben, und sie hat ihm kindlich vergnügt geantwortet, aber jetzt schreibt er einen Brief, der anders klingt. Vorsichtig gesteht er ihr, dass er immerzu an sie denken muss. Clara antwortet kurz darauf:

> *»Eben wand ich mich wie ein Wurm durch Ihre Sonate, welche zwei Herren aus Hannover gern hören wollten, als ein Brief an mich kam, und woher, dachte ich? Da las ich Zwickau. Sehr überrascht war ich, denn als Sie hier weggingen, gaben Sie mir nicht viel Hoffnung zu solch einem Brief. Zwei Stunden lang hab ich ihn studiert, und doch sind noch einige trotzige Wörter da, welche durchaus nicht in meinen Kopf wollen.«*[3]

Der Rest ihres Briefes beschäftigt sich mit der Partitur, die sie gerade schreibt, mit einem Besuch von Mendelssohn bei ihnen, mit Grüßen. Aber kleine Gesten verraten, dass ihr Robert auch nicht gleichgültig ist: Warum würde man zwei Stunden mit einem Brief verbringen, wenn er einem nicht viel bedeutet?

Wenige Wochen später, im November 1835, küssen sie sich zum ersten Mal. Clara Wieck ist 16 Jahre alt. Er nennt sie zärtlich »Chiara« und gibt einem Stück aus seinem Klavierzyklus »Carnaval« den Titel »Chiarina«.

Als Clara Anfang des Jahres 1836 auf eine Konzertreise nach Dresden geht, reist Robert ihr nach, und sie treffen sich heimlich. Vier Tage verbringen sie zusammen, dann müssen sie sich verabschieden. Robert reist weiter nach Zwickau.

Friedrich Wieck erfährt von den beiden und tobt. Ein Nichtsnutz sei Robert Schumann, ein Schlendrian! Was wolle Clara mit diesem Studenten ohne Abschluss? Er droht damit,

Schumann zu erschießen. Hart und unmissverständlich befiehlt er Clara, die Sache zu beenden. Sein Haus dürfe Schumann nicht mehr betreten, und Briefe Schumanns habe sie ungelesen zurückzuschicken. Er weiß, dass diese Briefe gefährlich sind.

Robert Schumann kann gut schreiben, schon mit fünfzehn Jahren hat er mit seinen Freunden einen Literaturkreis gegründet, er liest viel, und Friedrich Wieck ahnt, dass nur wenige Zeilen genügen würden, in Clara neue Liebe zu entfachen.

Man kann Wiecks Furor nachvollziehen. Clara ist eine Ausnahmepianistin geworden, eine Berühmtheit, und die Sorge ist nicht unberechtigt, dass ihr Weg auf den Bühnen Europas nach einer Heirat abrupt zu Ende wäre. Robert Schumann hingegen ist als Schwärmer bekannt. Wie viel kann man auf seinen Gefühlsüberschwang geben? Dass Robert es ernst meint, dass echte Liebe entstanden ist zwischen Clara und ihm, sieht Friedrich Wieck nicht.

Robert bricht es das Herz. Er fantasiert nächtelang auf dem Klavier, bis es Ärger mit der Hauswirtin gibt. Er widmet Clara seine erste Sonate, ohne Antwort von ihr zu erhalten, und versucht, seinen Kummer mit Wein zu ersäufen.

Ein ganzes Jahr lang sieht er Clara nicht, obwohl er in der Nähe wohnt. Manchmal steht er im abendlichen Dunkel vor ihrem Haus und hört sie Klavier üben. Ob sie ihn überhaupt noch liebt, weiß er nicht, sie nimmt keinen Kontakt zu ihm auf.

Auch Clara ist sich unsicher, ob Robert noch an sie denkt oder ob seine Gefühle längst erloschen sind. Von einer längeren Tournee nach Leipzig zurückgekehrt, lässt sie Robert über einen gemeinsamen Freund zum Konzert im Börsensaal am 13. August 1837 einladen.

Als sie sich an diesem Abend auf der Bühne an den Flügel setzt, ist es erneut die Musik, die zwischen ihnen eine Verbindung aufbaut. Denn Clara spielt eine Komposition des Mannes, den sie liebt: Sie spielt die »Symphonischen Etüden« von Robert Schumann, die noch nie aufgeführt worden sind. Es ist wie eine Frage, die ohne Worte durch den Raum schwebt zu dem Platz, auf dem Robert sitzt: *Denkst du noch an mich? Ich denke an dich.*

Nach diesem Konzert finden die zwei wieder zusammen. Sehen dürfen sie sich nicht, nur selten einmal gelingen heimliche Treffen. Aber sie schreiben sich Briefe. Anfangs sind sie unsicher, sie Siezen sich nach der langen Schweigezeit, obwohl sie längst beim Du gewesen waren.

Robert beginnt, er schreibt den ersten Brief noch am Tag des Konzerts, am 13. August. Der entscheidende Satz darin lautet: »Schreiben Sie mir nur ein einfaches Ja?« Clara wird in vier Wochen achtzehn werden, und Roberts Plan ist es, sich am Tag ihres Geburtstags noch einmal mit einem Brief an Friedrich Wieck zu wenden. Clara antwortet:

> *»Nur ein einfaches ›Ja‹ verlangen Sie? So ein kleines Wörtchen – so wichtig! doch – sollte nicht ein Herz so voll unaussprechlicher Liebe, wie das meine, dies kleine Wörtchen von ganzer Seele aussprechen können? Ich tue es und mein Innerstes flüstert es Ihnen ewig zu. Die Schmerzen meines Herzens, die vielen Tränen, konnt' ich das schildern – o nein! – Vielleicht will es das Schicksal,*

daß wir uns bald einmal sprechen und dann – Ihr Vorhaben erscheint mir riskiert, doch ein liebend Herz achtet der Gefahren nicht viel. Also abermals sage ich ›Ja!‹. […] Ihre Clara«[4]

Was muss es ihm bedeutet haben, diesen Brief zu empfangen! Mit welchem Herzklopfen wird er ihn geöffnet, wie oft wird er ihn gelesen haben! Allein die Handschrift Claras zu sehen.

Dass die Handschrift bei einem Brief eine weitere Ebene öffnet, dass sie etwas sagt über das Empfinden der Verfasserin, ist auch Clara bewusst. Ein paar Tage später schickt sie Robert einen weiteren heimlichen Brief, überbracht von ihrer Nanny, die sie eingeweiht hat, und schreibt darin: »Meine Unruhe sehen Sie aus dieser Schrift.«[5]

Der Vater reagiert auf Roberts vorsichtige Anfrage kalt und abweisend, er sieht Robert als Querkopf, dem er seine sorgsam erzogene Tochter mit all ihren kostbaren Talenten und Fähigkeiten unmöglich anvertrauen kann. Von seinen Kompositionen und redaktionellen Arbeiten wird Robert kaum eine Familie ernähren können, und ob die Liebe hält? Robert Schumann ist ein Herumtreiber, der in Kaffeehäusern und Kneipen sitzt und unmäßig trinkt – so denkt Wieck von ihm. Friedrich Wieck untersagt ihm jeden Kontakt zu Clara.

Robert ist niedergeschmettert. Aber diesmal bleiben die Liebenden in Verbindung, und sie betrachten sich als (heimlich) verlobt. Treffen sind kaum möglich, immerhin, ihnen gelingt mitunter ein kurzer Blickwechsel. Am 9. Oktober 1837 schreibt Robert:

> *»Dein ›guten Abend‹ gestern, Dein Blick, als wir uns vor der Türe sahen, ich will es nie vergessen. Also diese Clara, dachte ich, dieselbe ist dein – ist dein, und du kannst nicht zu ihr, ihr nicht einmal die Hand drücken.«*[6]

Clara schreibt, es zerreiße ihr das Herz, ihn im Rosental in einer Laube sitzen zu sehen,

> *»von Vater und Mutter beobachtet, gleichgültig scheinen zu müssen – gleichgültig gegen Dich! Nein, das ist nicht zu ertragen [...] und ich soll da allein sitzen mit meinem Gram und meiner Sehnsucht, [...] zwanzig Schritte von Dir und doch so ferne!«*[7]

Wenige sind eingeweiht, und so kommt es zu eigenartigen Situationen. Einmal gibt ein gemeinsamer Bekannter Clara einen Brief Robert Schumanns, weil er einige Zeilen nicht lesen kann, ob sie die entziffern könne? (Robert entschuldigt sich in Briefen oft für seine schlechte Handschrift.) Und Clara schreibt später heimlich an Robert davon:

> *»Wie wohl tat mir die Hand[schrift] und als ich Deinen Namen unten stehen sah, da wurde mir so wohl und weh um's Herz – ich hätt mögen weinen aus Schmerz, aus Freude!«*[8]

Friedrich Wieck überwacht Clara streng und erlaubt keinen privaten Briefwechsel mit Robert Schumann, nur kurze offiziell Zeilen, wenn Schumann Klaviernoten übersendet.

Die Liebenden finden Abhilfe. Robert soll die Briefe an Clara nicht selbst adressieren, schreibt sie ihm von einer Konzertreise aus Prag, »der Vater könnte sich auf der Post die Briefe zeigen lassen und Deine Hand[schrift] erkennen«, sie bittet ihn, dass er Dr. Reuter die Adresse auf den Umschlag schreiben lasse.[9]

Zwei Wochen später erwähnt sie, wie schwierig es ist, ihm heimlich zu schreiben:

> *»Endlich nach beinahe 8 Tagen komm ich dazu, Dir wieder ein paar Worte zu schreiben. Glaub nicht, daß das so leicht ist, denn bei unverschlossener Tür muß ich Dir schreiben, da Vater sehr bös ist, wenn er das Zimmer verschlossen findet. Und nun sein Verdacht; denk Dir, er hat zur Nanny gesagt: ›ich weiß schon meinen Pfiff, wie ich erfahre, ob Clara an Schumann geschrieben, lange bleibt es nicht vor mir verborgen.‹ Am besten Du adressierst Deinen nächsten Brief an einen Herrn, meinetwegen »Herrn Julius Kraus, poste restante« nach Wien versteht sich. Laß aber ja immer die Adresse von Dr. Reuter schreiben … Eben lese ich, was ich Dir am Sonntag geschrieben und mir fiel ein, Du könntest meine scherzhaften Zeilen mißverstehen; doch nimm ja alles recht ernst und dann meine inständigste Bitte, erwähne nichts mehr von Zweifel, das verwundet mich tief! Hab ich doch das Bewußtsein der schönsten und standhaftesten Liebe. Baue so fest auf mich, wie ich auf Dich – dann ist uns kein Hindernis zu groß, wir bieten allem Trotz, wenn nicht höhere Mächte sich zwischen uns stellen.«[10]*

Die Briefe sind ihre Verbindung zueinander. Sie kommen sich nahe dadurch wie in einem guten Gespräch.

> *»Wüßtest Du, wie wert mir Deine Ansichten sind über alles, was auch nicht gerade die Kunst angeht, wie mich Deine Briefe geistig erfrischen – schreibe mir daher von dem, was um Dich vorgeht, von Menschen, Sitten und Städten«,* bittet Robert. *»Du hast ein gutes Auge und ich folge Dir so gern und Deinen Betrachtungen. Man darf sich auch nicht zu sehr in sich und seine Interessen versenken, wo man sonst den scharfen Blick für die Nebenwelt verliert. Sie ist so schön, so reich, so neu, diese Welt. Hätte ich mir das früher öfters gesagt, so wäre ich weiter und hätte schon mehr gewirkt.«*[11]

Und was es ihr bedeutet, einen dieser heimlichen Briefe zu empfangen! Clara schreibt am 12. November 1837 aus Prag:

> *»Lieber Robert, Dein Brief hat mir eine unaussprechliche Freude gemacht, ich bekam das Zittern im ganzen Körper vor Freude, als mir ihn Nanny einhändigte.«*[12]

Wenn sie antworten will, muss sie einen guten Augenblick abwarten und mit größter Vorsicht vorgehen. Sie beschreibt es Robert:

> *»Nimm mir nur nicht übel, daß ich so fürchterlich schlecht geschrieben. Doch stelle Dir vor, daß ich stehe, und das*

Blatt auf der Kommode liegt, worauf ich schreibe. Bei jedem Mal Eintunken in das Tintenfaß lauf ich in die andere Stube.« [13]

Und später ergänzt sie: *»Ich bitte Dich, sei mir nicht böse, daß der Brief so kurz wird, doch denke, es ist zehn Uhr und ich schreibe voll Herzensangst stehend in meiner Kammer.«*[14]

Einmal, in Dresden, wird sie erwischt und vom Vater so zusammengestaucht, dass sie ihm angstvoll Roberts Briefe zeigt. Daraufhin herrscht lange Funkstille, sie wagt nicht mehr zu schreiben.

Hinzu kommt ihr schlechtes Gewissen dem Vater gegenüber, der ihr und ihrer Karriere sein Leben gewidmet hat und an dem sie seit der Kindheit hängt. Mit der Stiefmutter hat sie kein so nahes Verhältnis, ihre ganze Zuneigung gehört dem Vater.

»Mein Gemüt ist jetzt sehr bewegt, den Vater zu sehen, wie er unglücklich ist, wenn er daran denkt, mich einmal zu verlieren – ich fühle Pflichten gegen ihn und muß Dich doch so unendlich lieben! – Er meint, ich würde Dich vergessen, vergessen? Das Wort macht mich schaudern! Er kennt nicht die Stärke eines liebenden Herzens.«[15]

Clara feiert musikalische Triumphe, sie füllt die Säle und spielt in Wien mehrfach für den Kaiser und die Kaiserin. Sie schreibt Robert davon, und er antwortet schelmisch:

»Also der Kaiser hat mit Dir gesprochen? – Hat er nicht gesagt, ›kennen Sie Signor Schumann?‹ Und Du hast geantwortet ›Majestät, ein wenig.‹ – Aber sehen hätte ich Dich doch mögen. Wirst du etwas K. K.liches werden? Spiele doch manchmal ein wenig schlechter, damit sie's nicht gar zu toll machen – mit jedem Beifallssturm schiebt mich Dein Vater einen Schritt weiter von sich – bedenke das! Ach nein! Wie gönne ich Dir diese Lorbeerkränze – aber freilich auch tausend machen noch keinen von Myrten – den setze ich Dir allein auf in Dein schönes schwarzes Haar. – – –

... Die Davidstänze und Phantasiestücke werden in acht Tagen fertig – ich schicke Dir sie, wenn Du willst. In den Tänzen sind viele Hochzeitsgedanken – sie sind in der schönsten Erregung entstanden, wie ich mich nur je besinnen kann. Ich werde Dir sie einmal erklären ...

Und nun zum Schluß – sechs glückliche Tage habe ich gehabt, wo ich an Dich schrieb – nun wird's bald wieder still und einsam und dunkel ...

Auf immer und ewig
Dein Robert«[16]

Das Problem mit Claras Tourneen ist, dass sie es mitunter nicht rechtzeitig schafft, Robert die Adresse mitzuteilen, wohin er ihr schreiben kann, bevor sie und ihr Vater weitergereist sind zum nächsten Auftrittsort. Clara schreibt:

»Weinen möcht ich aber auch, daß es nun so mit einem Mal aufhört, denn wir reisen binnen 14 Tagen jedenfalls ab nach Graz, wissen aber nicht, wie lang wir dort bleiben, auch weiß ich nicht, ob ich in München spiele oder nicht, da uns Lachner einen schlechten Begriff von München gemacht; Du siehst, daß ich Dir nun gar keinen Ort wegen eines Briefes bestimmen kann, und das macht mich ganz untröstlich, vielleicht jetzt lange nichts von meinem lieben guten Robert zu hören! Doch höre! Schreib nur wieder einen recht sehr langen Brief, laß alle Tage etwas hinzukommen und bei der nächsten Gelegenheit schreib ich Dir Gewißheit und Du schickst alsdann den Brief.«[17]

Sie warten auf Post voneinander, Robert schreibt:

»Hab viel gearbeitet und fuhr bei jedem Klingelzug in die Höhe, ob es nicht der Briefträger [ist].«[18]

Und während Clara in Wien zur kaiserlichen Kammervirtuosin ernannt wird, setzen die Sehnsucht und der spannungsvolle Briefwechsel in Schumann kreatives Potenzial frei: Er komponiert Lieder und Kammermusik und große Klavierwerke. Die Musik wird zur Sprache, in der er von seiner Liebe zu Clara reden kann. Seine Kompositionen richten sich an Clara. Er verarbeitet Erinnerungen, die er mit ihr teilt, und Sehnsüchte, und sie darf die Stücke als Erste spielen, er schickt ihr die Noten und freut sich, wenn die Musik Clara verzaubert.

Im Mai 1838 kehren Friedrich Wieck und Clara nach Leipzig zurück. Schumann sieht sie nach einem halben Jahr zum ersten Mal wieder. Trotz der Verbote des Vaters treffen sie sich, gehen spazieren, träumen von ihrer Hochzeit.

Immer mehr löst sich Clara von ihrem Vater. 1839 unternimmt sie zum ersten Mal ohne ihn eine Konzertreise nach Paris. Währenddessen bereitet Robert ein Schreiben an das Gericht vor, das auch Clara unterschreibt: den Antrag, entweder Friedrich Wieck zu verpflichten, ihrer Ehe zuzustimmen, oder die Zustimmung von Amts wegen zu erteilen.

Nach der Rückkehr aus Paris zieht Clara nicht mehr bei ihrem Vater ein. Freunde nehmen sie auf, und schließlich reist sie zu ihrer Mutter in Berlin, wo sie die Weihnachtszeit 1839 mit Robert Schumann verbringen kann.

Friedrich Wieck versucht, das Gerichtsurteil hinauszuzögern, er legt Widerspruch ein. Ihm sind alle Mittel recht, um die Ehe zu verhindern. Er schreibt Schmähbriefe gegen Robert Schumann und lässt sie überall verteilen.

1840 muss er, so fordert das Gericht, seine Behauptung unter Beweis stellen, dass Robert Schumann ein Trinker sei. Als ihm das nicht gelingt, bestätigt das Gericht schließlich das Recht von Clara und Robert, zu heiraten. Am 12. September 1840, einen Tag vor Claras 21. Geburtstag, treten sie vor den Traualtar.

Drei Jahre hat Wiecks Widerstand die Hochzeit der beiden hinausgezögert. Ihre Verbindung hielten sie durch Briefe.

Und endlich entspannte sich auch das Verhältnis zu Friedrich Wieck – nachdem er Großvater geworden war.

Wie das Schreiben eines Briefes hellwach und lebenszugewandt macht

Ich folge Dir so gern und Deinen Betrachtungen«, schrieb Robert Schumann an Clara und jubelte in Reaktion auf ihre Briefe: »Sie ist so schön, so reich, so neu, diese Welt.«

Wie wählt man aus, was man im Brief schildert, und wie werden diese Schilderungen zu etwas Besonderem?

Man hat etwas beobachtet, etwas erlebt. Niemand sonst sieht so die Welt, wir geben etwas von uns preis, wenn wir sie aus unserer persönlichen Sicht schildern, und Gesehenes, Gehörtes, Durchlittenes für unser Gegenüber skizzieren. Das können Beobachtungen über andere Menschen sein oder auch Beobachtungen über uns selbst. Niederschmetternde Katastrophen können genauso Thema sein wie Beglückendes; Familiendramen, Herausforderungen, Enttäuschungen, Fehlentscheidungen genauso wie ein Über-sich-selbst-Hinauswachsen, ein Staunen, Freude und Melancholie.

Wir fragen im Brief: Warum ist das passiert? Wie ist es passiert? Welche Folgen hat es? Unser »Weltwissen«, unsere Persönlichkeit geben dem Geschilderten das gewisse Etwas. Manchmal sind auch die Ereignisse am Rande, über die nicht jeder redet, von großem Interesse. Sie haben den Reiz des Unverbrauchten, selten Beobachteten. Ein Hund. Ein besonderes Frühstück. Ein Spaziergang barfuß durch die Pfützen.

Oder wir nehmen ein Thema fest in den Blick, bis in die feinen Kanten, die Verästelungen, und machen es damit für den Briefleser zu einem Geschenk. Geschwister. Abgelehnte Liebe.

Trauer. Indem wir es durchdenken, aus der eigenen, ganz persönlichen Perspektive, und dann auf die Einwände und Gedanken unseres Briefpartners warten, wird der Briefwechsel zu einem tiefgründigen Gespräch.

Ein Brief feiert den Augenblick

Wir leben in einer Zeit, in der es notwendig geworden ist, sich zu verbergen. Wir wollen kein »gläserner Mensch« sein, der von Konzernen ausgespäht oder durch Mitmenschen an den Pranger gestellt wird. Allzu persönliche Fotos von Familienfeiern oder der Wohnungseinrichtung wollen wir nicht in den sozialen Medien teilen, denn sie werden dort nie vergessen, sie tauchen beim Bewerbungsgespräch wieder auf und werden von wildfremden Menschen gesehen.

Während wir uns also zwangsläufig zurückziehen und verstecken, suchen wir gleichzeitig doch den Kontakt zueinander. Paradoxerweise sind deshalb Facebook & Co so erfolgreich: Wir wünschen uns, Privates, Alltägliches von anderen zu erfahren. Wir wünschen uns Authentizität. Echtes Leben, nicht Produktwerbung, nicht Show.

Ein Brief kann so etwas übermitteln. Er schildert eine Lebenssituation, er hilft mir, den Verlauf des eigenen Lebens zu reflektieren, mir selbst Rechenschaft abzulegen, auch über schlechte Seiten meiner Persönlichkeit. Er speichert Erfahrungen bestimmter Lebensmomente und offenbart das Leuchten der kleinen Augenblicke. So eigenartig es ist: Ein Brief, der doch tagelang unterwegs ist und vielleicht (bei einem längeren Brief) über Tage hinweg entstanden ist, lehrt mich Präsenz, ich lerne, im Moment anwesend zu sein. Die Frische des Lebens neu zu bemerken.

Das Schreiben eines Briefes macht hellwach und lebenszugewandt. Das ist etwas Gutes, denn dieses Leben hat jede Aufmerksamkeit und jedes Interesse verdient. Es lohnt sich, jeden neuen Tag voller Freude zu begrüßen und zu ehren. Dabei helfen Briefe, die aus dem anscheinend flüchtigen Leben Momente herausfischen.

Was ist der passende Stoff für eine solche Feier des Lebens im Brief? **Allein schon dadurch, dass wir beschließen, eine Sache im Brief zu berichten, geben wir ihr Würde und Bedeutung.** Die erste Hummel im Frühling, eine Blaumeise im noch kahlen Geäst, ein grün schillernder Käfer, der uns bei einem Spaziergang über den Weg gelaufen ist. Musik, die uns berührt hat. Eine verrückte Geschichte, die uns zu Ohren kam. Ein Mensch, der uns beeindruckt hat.

Dabei darf man im Brief ruhig einmal szenisch erzählen wie in einem Roman. Das Erzählte wird so sinnesstärker. Es wird miterlebbar. Und ist es nicht ein Wunder? Wir schreiben: Apfel. Und schon sieht der Briefleser einen Apfel vor sich. Wir schreiben: Wasserfall. Und schon hört er ihn rauschen. Was können wir mit dem Schreiben erreichen!

Wollen wir unser Gegenüber tief berühren, ist es besser, konkret zu sein bei den Schilderungen und nicht abstrakt. Ein Kuchen ist abstrakt, Apfelstrudel ist konkret. Ein Auto ist abstrakt, ein rostiger alter VW Golf ist konkret.

Solche Details rufen Bilder im Kopf hervor. Der Briefleser sieht eine Bulldogge klarer vor sich als einen Hund. Einen Früchtetee schmeckt er, einen Tee nimmt er nur als abstraktes Ding wahr.

Bäcker stellen oft ein Schild auf die Straße:

Stück Kuchen und Pott Kaffee
3 Euro

Das ist keine gute Strategie. Gefährlich werden mir Bäcker, die so werben:

Heute:
Apfelkuchen mit Sahne
Donauwelle
Eierschecke

Da läuft mir das Wasser im Munde zusammen. Es ist der Unterschied zwischen abstrakten und konkreten Worten.

Beteuerungsformeln nützen da wenig. »Der Kuchen ist wahnsinnig lecker.« Solche marktschreierischen Versicherungen lassen unsere Briefleser kalt. *Warum* schmeckt der Kuchen so gut? **Anders als beim Telefonieren haben wir beim Briefeschreiben Zeit, einen Moment nachzudenken, bevor wir etwas formulieren.** Sind es die Streusel? Begeistert uns der luftige Hefeteig? Ist es der Zimt? Sind es die saftigen Äpfel?

Statt im Brief zu erklären, dass wir begeistert sind von einem Kuchen, ist es wirkungsvoller, den Kuchen so zu beschreiben, dass der Leser ebenfalls begeistert wird.

Mit allen Sinnen schreiben

Darf ein Brief spannend sein? Aber ja! Spannung zu schüren bedeutet, Neugier zu erwecken. **Spannung ist nichts anderes als das sehnsüchtige Herbeiwarten von Antworten auf offene Fragen.** Allgemeinplätze wie: »Mir geht es gut. Wie geht es euch?«, schläfern ein. Gerade der Beginn eines Briefs darf ruhig eine große Frage aufwerfen, die dann genüsslich und ausführlich beantwortet wird.

Ein Trick, den Romanautoren anwenden, ist es, alle fünf Sinne anzusprechen. Zuerst fällt uns, wenn wir etwas schildern wollen, der Sehsinn ein, weil wir als Menschen das meiste mit den Augen wahrnehmen. Aber es gibt auch das Gehör, den Geruchssinn, den Tastsinn, den Geschmack.

Wie fühlt es sich an, wenn man nach Jahren einen geliebten Menschen umarmt?

Wie schmeckt ein harter Kanten Brot?

Wie klingt es, wenn ein Hund aufjault?

Wie fühlen sich Zahnschmerzen an?

Was verzaubert uns an einem schönen Menschen?

Wenn wir das beobachten und es aufschreiben für unseren Briefpartner, unsere Briefpartnerin, dann berühren wir sie durch unsere Erlebnisse und öffnen ihnen die Welt, so wie wir sie sehen. Ein Brief zeigt Abgründe und Schönheiten. Er zeigt das Leben. Gerade das macht ihn so bezaubernd.

In einem Brief, der den Empfänger berührt, geht es immer darum, etwas von sich selbst preiszugeben, und das in einer unvergänglicheren Form als im Gespräch. Ein wunderbares

Beispiel für einen solchen Brief ist der, den Gaby Trombello-Wirkus mir schrieb, nachdem wir uns für die Zusammenarbeit an diesem Buch zum ersten Mal getroffen hatten.

Lieber Titus!

... wie schön war es, Dich persönlich getroffen und kennengelernt zu haben. Ich war etwas aufgeregt, denn so ein berufliches »Blind-Date« klappt ja nicht immer. Aber dieses war ein Volltreffer. Schon auf der Rückreise sprühte ich vor Ideen und war ganz sicher, dass wir ein wunderschönes Projekt auf die Beine stellen würden.

Du hast mich nach dem Lebensweg gefragt, der mich zum SCHRIFTSCHATZ und zu meiner großen Liebe, der Handschrift in all Ihren Facetten, geführt hat. Ich habe mir etwas Zeit genommen und nachgedacht.

Wo fange ich an?

Florenz, 1987. Der ganze Kunst-Leistungskurs, der sich auf der Abschlussfahrt kurz vor dem Abitur befand, saß auf der Piazza della Signoria. Mit dem Rücken zum Café Rivoire, den Palazzo Vecchio im Blick. Wir hockten auf dem Boden – im Café zu sitzen konnten oder wollten wir uns nicht leisten.

Wir trugen allesamt Kopfhörer. Es muss ein lustiges Bild gewesen sein, denn alle Köpfe schwenkten regelmäßig und im Einklang nach rechts zur Loggia dei Lanzi, nach vorn in Richtung Michelangelos David und des Palazzo Vecchio. Wir trugen Walkmen (Du weißt noch, was das war?) und hörten Kassetten mit dem Beitrag des WDR-Kunstkollegs über eben jenen herrlichen Renaissanceplatz mit all seiner künstlerischen Fülle. Nach und nach, wie heute mit einem Audioguide im Museum, scannten wir die Pracht, die uns umgab und ließen uns verzaubern von der ungeheuren Schönheit der Kunstschätze und den spannenden Geschichten dahinter.

Da muss es passiert sein.

Stell Dir die Gesichter meiner Eltern vor, als ich ihnen nach der Rückkehr von dieser Reise klarmachte, dass ich nach dem Abitur unbedingt nach Florenz ziehen wollte, um dort die für die Bewerbung für das Grafikstudium benötigte Mappe zu erstellen.

Mir war wohl in jenem »Walkman-Moment« auf der Piazza della Signoria klar geworden: Was auch immer ich in Zukunft anstellen würde – irgendetwas Kreatives müsste es sein und ja, Italien gehörte auch dazu.

Ab da lautete mein Motto: Einfach mal machen. Täglich lernen und sehen, wie weit ich komme.

Nebensächlichkeiten wie die Tatsache, dass ich kein Wort Italienisch sprach und keinen Menschen in Italien kannte, blendete ich aus. Und dann habe ich einfach mal gemacht. Irgendwie ein Abenteuer.

So wie später ganz oft in meinem Leben. Und so wie jetzt mit diesem unserem Buch.

Es ging auf nach Italien, ich lernte Italienisch und traf spannende Menschen. Fertigte nicht nur besagte Mappe an, sondern bewarb mich direkt in Florenz um einen Studienplatz, damit aus meiner Leidenschaft für Grafikdesign ein echter Beruf würde. Und blieb erstmal da. Zu dieser Zeit kam ich übrigens auch zum ersten Mal mit dem Thema

Kalligraphie und Gestaltung von und mit Schrift in Berührung. Und war sofort gefangen.

Die Gestaltung von Schrift beschäftigte mich dann vom ersten Tag meines Berufslebens an.

Nach der Rückkehr nach Deutschland und kurzen Stationen in Werbeagenturen gründete ich 1997 eine eigene Agentur. Auch da getreu meines Mottos: Mal sehen, wohin es führt. Ich wusste nicht viel über Betriebswirtschaft oder Mitarbeiterführung. Eigentlich gar nichts. Aber ich traf auf großartige Menschen, die mit mir bei diesem Abenteuer unterwegs waren und es teilweise bis heute sind. Und ich habe gelernt.

Wie war Dein Berufseinstieg? Er hing mit einer Brieffreundschaft zusammen, oder? Davon musst Du mir unbedingt genauer erzählen.

Die ersten 5 Jahre waren so anstrengend. Ständig ging es auf und ab. Wir waren eine kleine Einheit, und sobald jemand ausfiel oder kündigte, wandelten wir am Rand der Katastrophe. An jedem Sonntag erledigte ich die Buchhaltung und plante die kommenden Projekte. Wir haben wirklich viel gearbeitet. Wir waren schnell und kreativ, wir waren sehr verbindlich und professionell. Es lief gut. Sogar sehr gut: Viele unserer Kunden blieben uns 20 Jahre lang treu.

Die folgenden Jahre waren geprägt von super spannenden Projekten und von Wachstum.

Aber auch von persönlichen Entwicklungen, die mich oft vor die Entscheidung gestellt haben, ob es mit der Agentur weitergehen soll oder nicht.

Als ich meinen Mann kennenlernte – überraschenderweise einen Italiener – und sehr schnell heiratete (ja, genau: einfach mal machen), wollten wir eine Familie gründen. Obwohl mein Mann bedingungslos hinter mir stand und mir den Rücken stärkte, war ich sehr zerrissen: Ich konnte nicht einfach ausfallen und in den Mutterschutz gehen. Wer sollte später die Kinder betreuen? Wie sollte die Betreuung kleiner Kinder mit der Leitung der Agentur vereinbar sein? Ja, wie war allein eine Schwangerschaft mit der Arbeit zu bewerkstelligen? Würden die Kunden uns treu bleiben? Was war die Lösung?

Eines Tages stand ich im 9. Monat schwanger bei starkem Schneefall auf der A3 unterwegs zu einem Meeting im Stau und dachte die ganze Zeit daran, wie schnell im Notfall wohl ein Geburtshelfer im Krankenwagen durch die Autoschlange gelangen würde. Aber es ist gutgegangen. Das Meeting und auch sonst alles. Bestens. Mit einer liebevollen Kinderfrau, der Unterstützung meiner ganzen Familie und viel Mut zur Lücke hat sich sogar ein zweites Kind seinen Platz in dieser lebhaften Familie erobert.

Ja, meine Familie. Wir haben leider auch furchtbare Zeiten erlebt. Kurz nachdem unser Sohn auf die Welt gekommen war, erkrankte meine Mutter an Krebs. Unheilbar. Drei Jahre nach ihrem Tod starb auch mein Vater. Beide viel zu früh. Da trat neben der täglichen Arbeit und den Zeiten in Krankenhäusern alles in den Hintergrund. Manchmal habe ich nur noch funktioniert. Ein wirklich leidvoller Weg, mit vielen schweren Momenten für meinen Bruder und mich. Zeiten der Hoffnung und am Ende dann doch des Abschieds. Zu erleben, wie stark meine Eltern in dieser

Lebensphase von ihren Freunden getragen wurden, war für mich ungeheuer beeindruckend. Spätestens da habe ich begriffen, wo zukünftig meine Prioritäten liegen würden.

Vielleicht kannst Du verstehen, dass unter dem Eindruck dieser Erfahrung und leichter Ermüdungserscheinungen nach all den zwar spannenden, aber auch anstrengenden Jahren der Wunsch nach etwas Ruhe und Entschleunigung entstand. Gleichzeitig veränderte sich mein berufliches Umfeld sehr. Die Zusammenarbeit mit großen Konzernen bedeutet auch, abhängig von deren Entwicklungen und Entscheidungen zu sein. Wir waren spezialisiert und haben sehr lange erfolgreich eine Nische bedient. Das war dann irgendwann vorbei. Natürlich nicht komplett und auch nicht von heute auf morgen. Aber es war mir klar, dass nun ein wirklicher Schnitt erforderlich war.

Eine weitere Zeit der Verunsicherung folgte: Was würde aus meinen Mitarbeitern werden? Wie definierte ich mich und für was wollte ich zukünftig stehen? Konnte ich als durchweg selbstständige Unternehmerin nur noch zu Hause bleiben? Diese Fragen, die ich mir beantworten musste, haben mir so manche schlaflose Nacht bereitet. Da stand ich plötzlich mit meinem Motto. Einfach mal machen. Ja, aber was denn? Täglich lernen? Sofort, und was genau? Soweit war ich also gekommen. Aber würde es noch weiter gehen?

Natürlich ging es weiter. Gelernt habe ich in dieser Zeit tatsächlich viel. Wenig davon hatte unmittelbar mit meinem Beruf zu tun. Eher mit mir ganz persönlich. Ich habe gelernt, dass alles seine Zeit braucht und ich auch einmal locker lassen muss. Und dass Perfektion nicht alles ist.

Irgendwie arbeitete ich mich raus aus diesem Tief. Langsam und zäh. Ich begann mich mit Trends wie nachhaltigem Reisen zu beschäftigen und besuchte Informationsveranstaltungen zu allen möglichen Themen rund um ein bewussteres Leben. Ich reiste zu Konferenzen mit Namen wie »Karma Konsum« und »SlowLiving« quer durch die Republik. Ohne es damals zu wissen, näherte ich mich immer weiter meinem heutigen Leben.

Und das Weltgeschehen näherte sich mir in dieser Zeit ganz plötzlich. In unmittelbarer Nachbarschaft wurde eine Flüchtlingsunterkunft erbaut. In unserer Kirchengemeinde fanden sich viele freiwillige Helfer, auch ich war dabei. Nachdem die Erstversorgung mit Kleidung und den nötigsten Haushaltsgegenständen organisiert war, fragten wir uns, was nun zu tun sei, um den neuen Nachbarn das Einleben zu erleichtern.

Bei einem dieser Treffen lernte ich eine sehr engagierte und vor Lebendigkeit sprühende Frau kennen, die bereits viele Kurse in Schulen gab. Wir wurden ein super Team. Nach einigen Schulungen, zunächst als ehrenamtliche Helfer und später im Auftrag des Kulturamtes, gaben wir den geflüchteten Jugendlichen Kreativkurse zum Spracherwerb durch Kunst.

Weißt Du, Titus, es war wirklich genau so, wie viele ehrenamtlich engagierte Freunde oft berichten:

Sich einzusetzen ist zwar eine Verpflichtung, aber Du erhältst auch unglaublich viel zurück. Das hat mir in dieser Lebensphase sehr geholfen. Und Struktur gegeben. Es war eine Freude zu sehen, wie kreativ und wissbegierig viele Teenager mitmachten. Wir werkelten gemeinsam, besuchten Museen und nahmen mit einem unserer Projekte sogar an den »Düsseldorfer Kunstpunkten« teil.

Wann genau sich der Nebel gelichtet hat und ich plötzlich glasklar wusste, womit ich mich in Zukunft wieder hauptberuflich kreativ und erfüllend beschäftigen würde, kann ich Dir nicht genau sagen.

Ich weiß nur, dass ich irgendwann ein paar Notizen auf einem kleinen Einkaufszettel vor mir liegen hatte und es kaum erwarten konnte, meinem Mann am Abend davon zu erzählen.

Da stand in wenigen – handgeschrieben – Worten alles. Das ganze perfekte Konzept: Zurück zu den Wurzeln. Gestalten. Mit anderen etwas teilen. Entschleunigen. An einem schönen Ort. Lebenslanges Lernen. Analog in digitalen Zeiten. Womit? Mit Handschrift.

Heute gibt es genau diesen schönen Ort. Den SCHRIFTSCHATZ. Aus einer Bauruine haben mein Mann und ich mit viel Einsatz einen wirklichen Schatz erschaffen. Und ich bin jeden Morgen glücklich, wenn ich dort den Schlüssel herumdrehe. Ich habe viele talentierte »schriftverrückte« Kollegen kennengelernt. Wurde und werde inspiriert von ihrem Können und ihrer Leidenschaft. Täglich lerne ich dazu und entdecke neue, spannende Facetten der Schriftgestaltung. Ich freue mich über Aufträge von Kunden, die genau meine Art der Schriftgestaltung wertschätzen, und arbeite mit Unternehmen an deren Projekten, wenn es um authentische und emotional zu transportierende Botschaften geht. Und vor jedem Workshop freue ich mich auf die Gesichter der Teilnehmer, wenn sie nach einigen Stunden des Lernens, Ausprobierens und der Konzentration ihre ganz eigenen Schriftschätze in den Händen halten.

Mit Dir, Titus, dieses Buchprojekt umzusetzen ist ein weiterer, aufregender Schritt. Wie glücklich ich bin, Dich getroffen zu haben und gemeinsam mit Dir in diesem Buch zu beschreiben, wie viel Wertschätzung es bedeutet, jemandem einen handgeschriebenen Brief zu senden. Wie wichtig es gerade in unseren digitalen Zeiten ist, die direkte, analoge und persönliche Verbindung zu anderen Menschen zu pflegen. Und natürlich, wie viel Freude das schöne Schreiben mit der Hand macht. Jeden Tag.

Ich hoffe, Dich bald wiederzusehen und freue mich schon jetzt auf all Deine spannenden Geschichten und Erzählungen.

Lass uns einfach mal machen. Täglich lernen und sehen, wie weit wir kommen.

Herzliche Grüße aus dem SCHRIFTSCHATZ.

Deine Gaby

„Sagen Sie mir ein Mittel, damit ich nicht wie ein Narr vor Freude zittere"

Franz Kafka und Felice Bauer

Jedes Schulkind kennt »Die Verwandlung« von Franz Kafka: »Als Gregor Samsa eines Morgens aus unruhigen Träumen erwachte, fand er sich in seinem Bett zu einem ungeheueren Ungeziefer verwandelt. Er lag auf seinem panzerartig harten Rücken und sah, wenn er den Kopf ein wenig hob, seinen gewölbten, braunen, von bogenförmigen Versteifungen geteilten Bauch, auf dessen Höhe sich die Bettdecke, zum gänzlichen Niedergleiten bereit, kaum noch erhalten konnte ...«

Als er diese Erzählung schrieb, war Franz Kafka gerade verliebt. Die Liebe gab ihm den Schwung und den nötigen Mut, sich literarisch mit seiner verzweifelten Familiensituation auseinanderzusetzen. Dass die Familie in der Geschichte den Sohn, der sich in eine Schabe verwandelt hat, loszuwerden versucht, ja, dass sie erleichtert ist, als er endlich stirbt, gibt Gefühle wieder, die Kafka vertraut waren: Schon lange spürte er die Enttäuschung des Vaters, der sich einen anderen Sohn gewünscht hatte, und gerade jetzt, 1912, geht die Asbestfabrik dem Bankrott entgegen, an der man für teures Geld eine Teilhaberschaft für Kafka gekauft hat – die Schuld daran gibt man ihm, Franz, der sich tatsächlich wenig um seine Fabrik gekümmert hat neben seinem Hauptberuf im Büro der Arbeiter-Unfall-Versicherungsanstalt.

»Wir müssen es loszuwerden suchen«, sagt die Schwester in der Geschichte, sie nennt den Bruder nicht einmal mehr »er«, sondern »es«. Derart fremd fühlt sich auch Kafka in seiner

Familie. Er bewohnt ein Durchgangszimmer zwischen dem Schlafzimmer der Eltern und dem Wohnzimmer, lebt inmitten der lauten Geräusche seiner Familie und beschreibt seine Lage so:

> *»Ich lebe in meiner Familie unter den besten liebevollsten Menschen fremder als ein Fremder. Mit meiner Mutter habe ich in den letzten Jahren durchschnittlich nicht zwanzig Worte täglich gesprochen, mit meinem Vater kaum jemals mehr als Grußworte gewechselt.«*[19]

Und jetzt liebt er. Die Auserwählte heißt Felice, ihre Familie nennt sie »Fe«. Kafka trifft überraschend auf sie, als er am Abend des 13. August 1912 seinen Freund Max Brod besucht. Am Tisch im Esszimmer sitzt eine junge Frau, die er nicht kennt. Sie ist eine entfernte Verwandte Brods, am nächsten Tag wird sie nach Budapest weiterreisen.

Als sie das Essen vernachlässigt, um Urlaubsfotos zu betrachten, und Max sie deshalb ermahnt, sagt sie, nichts sei ihr abscheulicher als Menschen, die immerfort essen. Das muss Kafka gefallen haben, auch er erntet oft böse Blicke beim Essen, weil er sich als Vegetarier von Nüssen, Joghurt, Datteln, Rosinen und Kastanien ernährt, während der Vater von einem Mann erwartet, beim Fleisch ordentlich zuzugreifen.

Wie nebenbei erklärt Felice auch noch, dass sie als Stenotypistin arbeitet und mit Freuden einmal eines der Manuskripte von Max Brod abtippen würde. Er müsse es ihr nur nach Berlin schicken.

Als sie erwähnt, sie beschäftige sich mit der hebräischen Sprache, schlägt der bereits bezauberte Kafka halb im Ernst, halb im Scherz vor, sie könnten doch zu dritt – Max, Felice und er –, einmal nach Palästina reisen, ihn interessiere das ebenfalls. Felice, die Max und ihn gerade erst kennengelernt hat, geht zum Erstaunen aller darauf ein. Sie reichen sich die Hand.

Als Felices Stiefel getrocknet sind (es hat ein Unwetter gegeben, sie trägt die Pantoffeln von Max' Mutter, was ihr etwas unangenehm ist), zieht sie sich an, um zum Hotel aufzubrechen. Kafka bietet an, sie auf dem Weg durch die dunkle Stadt zu begleiten. Unterwegs fragt er unbeholfen nach ihrer Adresse.

In den nächsten Wochen bekommt er Felice nicht aus dem Sinn. Am 20. September, einem Freitag, bleibt er nach Arbeitsschluss im Büro, setzt sich an eine Schreibmaschine und tippt:

> *»Sehr geehrtes Fräulein! Für den leicht möglichen Fall, dass Sie sich meiner auch im geringsten nicht mehr erinnern können, stelle ich mich noch einmal vor: Ich heiße Franz Kafka …«*[20]

Um den Brief locker und unverbindlich erscheinen zu lassen, behauptet er, kein besonders pünktlicher Briefeschreiber zu sein und auch keine pünktliche Antwort zu erwarten. Was für eine Lüge das ist, wird sich später herausstellen. Dabei wird er Felice mit seinem verspielten Schreibstil kaum getäuscht haben: Ein Briefkontakt mit einer Frau im heiratsfähigen Alter war eine mögliche Eheanbahnung.

Nachdem Felice Bauer anfangs sogar einmal drei Wochen verstreichen lässt, ehe sie auf einen Brief Kafkas antwortet, werden ihre Antworten mit der Zeit häufiger und warmherziger. Schon am 23. Oktober schickt sie eine Blume mit, und bald schreibt sie täglich (und fragt, ob es ihm unangenehm sei).

Auch Kafka schreibt ihr jetzt täglich. Sie achten nicht darauf, wer an der Reihe ist, die Briefe überkreuzen sich, beide erzählen einfach, was ihnen geschieht und durch den Kopf geht, und stellen dem anderen Fragen, und bei Gelegenheit werden die Fragen beantwortet.

Welche Gier er empfindet, lebendige Details aus Felices Alltag zu erfahren! Er bittet sie im Brief regelrecht um ein »Tagebuch«. Sie ihrerseits bittet ihn, ihr seine »Lebensweise« zu schildern und die Arbeit im Büro. Längst schreibt er handschriftlich mit Tinte. Und er feiert ihre Briefe:

> *»... dass Sie mir [...] mit diesem Brief geantwortet haben, der da neben mir liegt, der mir eine lächerliche Freude macht und auf den ich jetzt die Hand lege, um seinen Besitz zu fühlen. Schreiben Sie mir doch bald wieder einen!«*[21]

Er will vieles wissen, unter anderem, »was Sie gefrühstückt haben, wohin die Aussicht aus Ihrem Bureaufenster geht, was das dort für eine Arbeit ist, wie Ihre Freunde und Freundinnen heissen ...«[22] Er will wissen, was sie anhat, während sie ihm schreibt, wann sie zu Fuß geht und wann sie mit der Elektrischen (wie man die Straßenbahn damals nannte) fährt, in welchen Briefkasten sie die Post an ihn einwirft. Er will das Gefühl haben, neben ihr herzulaufen.

Es dauert nicht lange, und sie werden sich vertrauter. Sie schreiben mit immer größerer Offenheit, längst geht es nicht mehr nur um die Aussicht aus dem Fenster. Kafka gesteht Felice:

> *»Mein Leben besteht und bestand im Grunde von jeher aus Versuchen zu schreiben und meist aus misslungenen. Schrieb ich aber nicht, dann lag ich auch schon auf dem Boden, wert hinausgekehrt zu werden.«*[23]

Er hat Sorge, dass sie sich ein idealisiertes Bild von ihm macht, schließlich haben sie sich bisher nur einmal gesehen, deshalb gesteht er ihr nicht nur seelische Schwächen, sondern schreibt auch: »ich bin der magerste Mensch, den ich kenne«.[24] (In seinem berühmten »Brief an den Vater« erwähnt er, wie peinlich es ihm immer war, im Schwimmbad neben dem gut gebauten Vater aus der Umkleide zu treten.)

Die Idealisierung des Briefpartners ist eine Gefahr, die nicht von der Hand zu weisen ist: Wechselt man über längere Zeit nur Briefe, ist immer die Möglichkeit gegeben, sich selbst – in einer Mischung aus Bewusstem und Unbewusstem – als Märchenprinz darzustellen. Genauso wird man sich das Gegenüber unweigerlich so ausmalen, wie es einem gefällt, weil wir die Informationen aus den Briefen mit unserer Imaginationskraft ergänzen.

Dann muss aber beim nächsten persönlichen Zusammentreffen notgedrungen eine Ernüchterung eintreten. Um das zu vermeiden, präsentiert sich Kafka in einem besonders schlechten Licht. Die Fabrik, an der ihm sein Vater wichtige Anteile gekauft hat – um den Sohn endlich auf eine solide Bahn zu lenken –, vernachlässige er, schreibt er Felice, und fasst es noch genauer: »(d. h. ich entziehe ihr meine im übrigen unbrauchbare Mitarbeit) so gut es geht und es geht so ziemlich«.[25] Für die damalige Zeit eine »unerhörte Offenheit«[26], wie Kafkas Biograf Reiner Stach feststellt. Anstatt sich als solide darzustellen, als zuverlässig und gut situiert, verzichtet Kafka geradewegs darauf und weist noch auf die Schwachpunkte hin. Und er schildert Felice seine für sie erwachten Gefühle sehr offen:

> *»Es gibt wohl kaum eine Viertelstunde während meines Wachseins, in der ich nicht an Sie gedacht hätte, und viele Viertelstunden, in denen ich nichts anderes tue.«*[27]

Felice schickt ihm ein Bild von sich, auf dem sie zehn Jahre alt ist, eine Vertrauensgeste, die Kafka tief anrührt.

Wenn er zu Hause an Felice schreiben will, dann wartet er, bis spät am Abend alle anderen Familienangehörigen schlafen gegangen sind. Er trägt Papier, Tintenfässchen und Federhalter ins Wohnzimmer, dort ist es noch warm, weil die Glut aus dem Ofen Restwärme verströmt. Auf der Anrichte tickt schwerfällig die Uhr. Davon abgesehen ist es herrlich ruhig, nur die Kanarienvögel flattern in ihrem Käfig, der bereits von einem Tuch bedeckt ist, noch einmal hin und her, bis sie einschlafen wie der Rest der Familie.

Er liest in ihren Briefen, und dann formuliert er, welche Gedanken ihm den Tag über durch den Kopf gegangen sind, im Wissen, er würde ihr heute Abend davon schreiben.

Felice hat kein solches Schreibritual, sie schreibt einmal sogar aus der Straßenbahn, und Kafka will wissen: »Wie schreibst Du denn dort? Das Papier liegt auf Deinem Knie, so tief beugst Du Dich beim Schreiben hinab?«[28]

Sie schreiben sich gegenseitig an ihre Büroadressen, damit ihre Familien den intensiven Briefwechsel nicht bemerken. Vor den Bürokollegen haben sie weniger Hemmungen, Felice schreibt sogar mitunter auf den Umschlag bereits einige beruhigende Worte, wenn es gerade hoch hergeht zwischen ihnen. Kafka erzählt ihr einmal:

> *»Und wenn alle meine drei Direktoren um meinen Tisch herumstehen und mir in die Feder schauen sollten, muss ich Ihnen gleich antworten, denn Ihr Brief kommt auf mich herunter, wie aus den Wolken, zu denen man drei Wochen umsonst hinaufgeschaut hat. (Gerade hat sich der Wunsch betreffend meinen unmittelbaren Chef erfüllt.)«*[29]

Inmitten der Büroboten und Tippfräulein der Arbeiter-Unfall-Versicherungsanstalt in Prag, inmitten der Fachzeitschriften über Unfallschutz, der Unfallstatistiken, Definitionen von Gefahrenklassen, Beitragsberechnungen, der Akten in tschechischer und deutscher Sprache sehnt sich Kafka den Bürodiener herbei, der die Post bringt. Er schreibt an Felice:

»Wenn ein Brief endlich da ist, nachdem die Türe meines Zimmers tausendmal aufgegangen ist, um statt des Dieners mit dem Brief eine Unzahl von Leuten einzulassen, die mit einem in dieser Hinsicht mich quälenden ruhigen Gesichtsausdruck sich hier am richtigen Platze fühlen, wo doch nur der Diener mit dem Brief und kein anderer ein Anrecht hat, aufzutreten – wenn dann also dieser Brief da ist, dann glaube ich ein Weilchen lang, dass ich jetzt ruhig sein kann, dass ich mich an ihm sättigen werde und dass der Tag gut vorübergehen wird. Aber dann habe ich ihn gelesen, es ist mehr darin, als ich je erfahren zu können verlangen darf, Sie haben für den Brief Ihren Abend verwendet und es bleibt vielleicht kaum Zeit mehr zu dem Spaziergang durch die Leipziger Straße, ich lese den Brief einmal, lege ihn weg und lese ihn wieder, nehme einen Akt in die Hand und lese doch eigentlich nur Ihren Brief, stehe beim Schreibmaschinisten, dem ich diktieren soll, und wieder geht mir Ihr Brief langsam durch die Hand und ich habe ihn kaum hervorgezogen, Leute fragen mich um irgendetwas und ich weiss ganz genau, dass ich jetzt nicht an Ihren Brief denken sollte, aber es ist auch das einzige, was mir einfällt – aber nach alledem bin ich hungrig wie früher, unruhig wie früher und schon wieder fängt die Tür sich lustig zu bewegen an, wie wenn der Diener mit dem Brief schon wieder kommen sollte. Das ist die ›kleine Freude‹, die mir Ihrem Ausdrucke nach Ihre Briefe machen.«[30]

Das Büropersonal beginnt bald, darum zu wetteifern, wer Kafka die Post bringen darf, weil ihm die Freude über Briefe von Felice so deutlich anzumerken ist. Einmal, als er mit einem Bediensteten schimpft, wehrt der sich klug: Aber es sei ein Brief vom Fräulein da.

> *»Sagen Sie mir ein Mittel, damit ich nicht wie ein Narr vor Freude zittere, wenn ich im Bureau Ihre Briefe bekomme und lese, damit ich dort arbeiten kann und nicht hinausgeworfen werde«*[31], schreibt Kafka augenzwinkernd an Felice.

Zeitweise schreiben sie sich täglich zwei Briefe. Damals wurde die Post in Großstädten zweimal am Tag ausgetragen, man konnte früh am Morgen einen Brief erhalten und einige Stunden später noch einen, den die Bahnpost inzwischen gebracht hatte. Ein abends abgeschickter Brief aus Prag war am nächsten Tag bereits in Berlin.

Aus dem »Sehr geehrten Fräulein«, mit dem Kafka sie zu Beginn angesprochen hat, wird bald »Liebes Fräulein Felice«, und dann, wie versehentlich (aber ganz sicher war es kein Versehen), rutscht ihm ein »Liebstes Fräulein Felice« heraus, und schließlich, am 11. November 1912, beginnt Kafka unvermittelt, Felice im Brief zu duzen.

Ihr Antwortbrief ist nicht erhalten, aber sein nächster Brief lässt das »Fräulein« in der Begrüßung weg, er beginnt mit: »Liebste! Liebste!« Auch sie hat ihn jetzt geduzt, und er kostet es aus, sie so vertraut ansprechen zu dürfen:

»Das ›Sie‹, das gleitet wie auf Schlittschuhen, in der Lücke zwischen 2 Briefen kann es verschwunden sein, man muß dahinter herjagen mit Briefen und Gedanken am Morgen, am Abend in der Nacht, das Du aber, das steht doch, das bleibt wie Dein Brief da, der sich nicht rührt und sich von mir küssen und wieder küssen läßt. Was ist das für ein Wort!«[32]

Hat er bis vor Kurzem noch gelitten wie ein Hund, wenn einmal kein Brief von ihr kam (»Verdiene ich wirklich kein Wort? Kein einziges Wort?«[33]), so fühlt er sich jetzt stark genug, auch Pausen auszuhalten:

»Schreib wann du willst oder besser wann du kannst, [...] ich werde nicht leiden, wenn kein Brief kommt, denn wenn dann wieder einer kommt, wird er mir unter der Hand lebendig werden, wie es noch – scheint mir – keinem Briefe je geschehen ist und meinen Augen und Lippen wird er alle nicht geschriebenen Briefe reichlich ersetzen. Du aber wirst mehr Zeit haben und spazieren gehn an diesen schönen Abenden, die es jetzt gibt.«[34]

Felices Briefe sind ihm Nahrung, er liest sie mehrmals am Tag.

»Ich habe Ihren Brief wohl schon 20 mal gelesen, als ich ihn bekam einigemale; vor der Schreibmaschine einigemale; [...] ich las Ihren Brief als wäre er gerade gekommen; ich habe ihn auf der Gasse gelesen und jetzt zuhause.«[35]

Sie fragen sich praktische Dinge, Kafka fragt: »Wie lange kann man Chokolade aufheben, ohne dass sie verdirbt?«[36] Dann wieder sorgt er sich um Felices Schlaf:

> *»Du musst mehr schlafen als andere Menschen, denn ich schlafe […] weniger als der Durchschnitt. Und ich weiss mir keinen bessern Ort, um meinen ungenützten Anteil am allgemeinen Schlaf aufzubewahren, als Deine lieben Augen. Und bitte keine wüsten Träume! Ich mache in Gedanken einen Rundgang um dein Bett und befehle Stille.«*[37]

Während Kafka an Felice schreibt, fühlt er sich, als wären sie im selben Zimmer. Man merkt das seinen Briefen deutlich an, es berührt, wie empathisch sie sind, die beiden Liebenden. Einen Brief, den er nächtens schreibt, beginnt er beispielsweise mit: »Liebste, laß Dich nicht stören, ich sage Dir bloß Gute Nacht«, und erzählt ihr dann zwei Seiten lang seine Gedanken, und beendet den Brief: »So ist es und wenn Du auch im Schlaf den Kopf schüttelst.«[38]

Die Briefe sind körperlich, sie sind anfassbar. Welche Freude, wenn ein Brief der Geliebten schwer ist, weil er mehrere beschriebene Seiten enthält! Kafka küsst Felices Briefe und atmet ihren Geruch ein. Er nimmt einige von ihnen mit auf Spaziergänge oder Dienstreisen, sie machen ihn stärker. Sie sind nicht flüchtig wie ein Telefongespräch, er kann sie berühren und wieder und wieder lesen.

Allerdings bedeuten die Briefe eine Fernbeziehung, und die hat ihre Tücken. Kafka hat eine Sechs-Tage-Woche, und die

Zugfahrt von Prag nach Berlin dauert acht Stunden. Das ist an einem Sonntag nicht zu bewältigen, sechzehn Stunden Zugfahrt (nimmt man Hin- und Rückreise zusammen) passen nicht in einen Tag, wenn er auch noch Zeit mit Felice verbringen will. Also muss er auf Feiertage warten.

Zu Ostern 1913 fährt er nervös nach Berlin, und die beiden gehen am Ostermontag im Grunewald spazieren. Am Ende sitzen sie auf einem Baumstamm, und er umarmt Felice zum ersten Mal.

Das ist durch keinen Brief zu überbieten. Die Briefe machen die Entfernung nur erträglicher, eine Dauerlösung können sie nicht sein, wenn man sich liebt.

Einmal, als sie mit Kafkas Freund Max Brod, mit dem sie entfernt verwandt ist, telefoniert hat, will Kafka alles über das Gespräch wissen, er schreibt selbstironisch an Felice:

> *»Ich quäle ja Max und habe ihm schon auf allen möglichen Gassen Deinetwegen fast den Arm ausgerenkt, aber der Dumme weiß von dem ganzen Telephongespräch fast von nichts, als von Deinem Lachen zu erzählen. Wie gut mußt du das Telephonieren verstehn, wenn Du vor dem Telephon so lachen kannst. Mir vergeht das Lachen schon, wenn ich ans Telephon nur denke. Was würde mich sonst hindern zur Post zu laufen und Dir einen guten Abend zu wünschen? Aber dort eine Stunde auf den Anschluß warten, sich an der Bank vor Unruhe festhalten, endlich gerufen werden und zum Telephon laufen, daß alles zittert …«*[39]

Man darf sich Kafka, der das Telefon ablehnt und wie besessen Briefe schreibt, nicht als technisch rückständigen Menschen vorstellen. Er hat beispielsweise eine Vorliebe für das Kino, auch wenn das Kino – das damals erst neu aufkommt – von den Gebildeten verachtet wird; Kafka bleibt regelmäßig vor Kinoplakaten stehen und tagträumt. Mitunter rühren ihn Filme zu Tränen. Manche sieht er sich mehrere Male an. Auch »Schundfilmen« kann er eine Menge abgewinnen, und wenn ihm ein Film gefallen hat, empfiehlt er ihn allen Freunden und seiner Familie, vor allem seinen Schwestern. Und er schreibt in seinen Briefen davon, auch an die ferne Geliebte.

Vielleicht ist beides gut, vielleicht brauchen wir eine Balance: atemberaubende, rauschhafte Unterhaltung, und dann wieder die Ruhe und Konzentration ohne bewegte Bilder, mit einem Foto, einem Buch, einem Bogen Briefpapier vor uns.

In fünf Jahren schreibt Franz Kafka 511 Briefe und Postkarten an Felice. In Buchform gedruckt haben sie fast 700 Seiten, ein umfangreicher Roman.

Ein Happy End hat diese Geschichte nicht. Franz und Felice werden sich zweimal verloben. Am Ende heiraten sie nicht.

Trotz aller Offenheit schleicht sich ein Verschweigen ein: Felice schreibt Kafka nichts von den Dramen ihrer Familie, weil sie sich schämt. Entsprechend verwirrt und verklemmt ist Kafka bei seinen Besuchen in Berlin, wenn er ihren Verwandten begegnet.

Er dagegen verheimlicht ihr seine Sorge, in der Hochzeitsnacht möglicherweise zu versagen, und überhaupt seine Hemmungen bei körperlicher Annäherung, und er erzählt ihr auch nicht, dass er mit ihrer Freundin Briefe wechselt, die in der verzwickten Beziehung der beiden zu vermitteln versucht, Briefe, die ebenfalls immer persönlicher werden. Eine Fremdheit gerät zwischen sie, die die beiden trotz des regen Briefwechsels letztendlich wieder voneinander löst.

Franz Kafka hat nie geheiratet. Felice heiratete bald nach der endgültigen Trennung von ihm einen Bankprokuristen und brachte zwei Kinder zur Welt. Die vielen Briefe von Franz hob sie auf.

Zärtliche, entzückte oder erboste Briefe

»Im Schrank vergilbt der Brief«, schreibt Gerlind Reinshagen in ihrem Gedicht *Des Vaters Zimmer.*[40] Ist es wirklich so? Vergilben Briefe bloß noch, sind sie aus der Zeit gefallen?

Auch Gegenstände haben eine Biografie. Holz und Leim und Altpapier werden vermengt und zu Zeitungspapier geformt, Buchstaben werden aus Druckerschwärze darauf gedruckt, die Zeitung wird ausgeliefert, gelesen, in den Papierkorb geworfen, bevor sie zerkleinert, zerkocht, erneut zu Papier geformt wird. Wie lange hat eine Zeitungsseite gelebt? Vielleicht ein paar Wochen.

Briefe werfen wir ebenfalls weg. Aber nicht alle. **Ein guter Brief wird lebenslang aufgehoben – und manchmal noch länger.** Das Holz, das zu Papier geformt wurde, hat in diesem Fall eine lange Lebensdauer. Der Empfänger holt den Brief immer wieder hervor und lässt sich darauf ein. Und nach fünfzig, sechzig oder siebzig Jahren halten die Nachfahren den Brief verwirrt in der Hand, sie lesen ihn mit schlechtem Gewissen, weil er so persönlich ist, sie lächeln über seine Unbeholfenheit und staunen über seine Schönheit.

Viel gelesene Briefe werden zu einem Teil von uns. Felice Bauer weigerte sich trotz ihrer schmerzhaften Trennung lange, Kafkas Briefe herzugeben. Erst 1956, als sie erkrankt und durch finanzielle Not dazu gezwungen war, 32 Jahre nach seinem Tod, gab sie widerwillig nach, um Geld für ihre Versorgung zu erhalten. Sie las alle Briefe noch einmal und vernichtete einige davon, die ihr zu intim erschienen. Dann überreichte sie das Konvolut dem Verleger Salman Schocken, der die Briefe für nur 8.000 Dollar erwarb (1987 wurden sie für 605.000 Dollar versteigert). Sie gab sie ihm mit den Worten: »Mein Franz war ein Heiliger.« *Mein Franz.* Nach all den Jahren. Ich finde das berührend.

Die Magie des Papiers

Papier knistert, es duftet, es lässt das Licht durchscheinen. Papier schmeichelt den Fingerspitzen, es kann sich rau anfühlen oder seidenweich, es kann cremeweiß sein oder naturfarben mit offener Oberfläche.

Papier hat Substanz. Man kann es biegen, daran ziehen, kann es zerreißen. Hergestellt wird es aus Zellstoff, den man aus unterschiedlichen Hölzern gewinnt. Stammt er von Nadelhölzern wie der Fichte, dann sind die gewonnenen Fasern lang, stammt er von Laubbäumen, sind sie eher kurz. Lange Fasern geben dem Papier eine höhere Festigkeit. Auch Textilfasern gibt es, die erhöhen deutlich die Reißfestigkeit des Papiers und sorgen dafür, dass es alterungsbeständig ist. Deshalb setzt man sie auch bei der Herstellung von Banknoten ein.

Zu Anfang ist Papier immer nass. Seine Bestandteile werden in Wasser aufgelöst und zu einem dünnen Faserbrei verarbeitet, der durch Sieben und anschließendes Pressen zwischen Filztüchern getrocknet wird, bevor man es glättet und aufrollt.

Sogar Steinpapier gibt es, für das man Kalkstein mit Harz verbindet. Und auch beim gewöhnlichen Papier verwendet man

Harze und Leime, um die Hohlräume zwischen den Fasern auszufüllen und für eine glattere Oberfläche zu sorgen.

Papier hat eine Geschichte. Irgendwo sind Bäume gewachsen. Ein Förster mit Hund hat ihr Wachstum überwacht, hat Borkenkäfer bekämpft und Waldbrände vereitelt, hat nützliche Tiere im Winter gefüttert und den Bau der Waldameisen mit einem Gitternetz gegen zudringliche Wanderer geschützt.

Die Bäume wuchsen, es war still und schattig im Wald, nur an manchen Stellen schien die Sonne zwischen den Baumkronen herein und malte Lichtflecken auf den Waldboden. Pilze wuchsen zu Füßen der Bäume und verströmten Herbstduft, Eichhörnchen kletterten mit kratzenden Krallen an ihnen hinauf und hinunter, und die Bäume wiegten sich knarrend im Wind. Sie haben gelebt und erlebt, viele Jahre lang.

Verfasse ich einen Brief, dann schreibe ich auf diesen Bäumen. Auf dieser Geschichte, diesen Jahren, diesem Leben.

Die Erfindung des Papiers ermöglichte die Verbreitung von Ideen, Religionen, Philosophien, Propaganda, Wissen. Wie herrlich es die Tinte aufsaugt, wie präzise es die Farbe trägt, so dass wir klar umrissene Buchstaben sehen.

Was wäre unsere Welt ohne Papier! Wir hätten keine Bücher, keine Pappschachteln, keine Geldscheine, keine Schulhefte, keine Strafzettel, keine Zeitschriften, keine Plakate, keine Konzertkarten, und – keine Briefe. Weder den dünnen Luftpostbrief noch die auf schweres Papier gedruckte Hochzeitseinladung. Und es gäbe nicht dieses herrliche Geräusch, wenn der Postbote in Berlin vor einer Wohnung steht und durch den Türschlitz Briefe einwirft und sie mit sattem Gewicht auf die Fußmatte fallen.

Ja, Briefe vergilben. Ist Papier längere Zeit der Sonne ausgesetzt, zerfallen die Bleichstoffe, die ihm bei der Herstellung zugesetzt wurden, und es wird gelblich, weil das Lignin wieder zum Vorschein kommt. Man kann das Lignin sogar riechen. Es ist der typische Geruch alter Bücher. Da gibt es Schlimmeres. Finde ich.

Frech, elegant oder verträumt schreiben

Ein Brief darf eleganter sein als eine alltägliche Unterhaltung. Schließlich verschickt man ihn wie ein Geschenk. **Durch die Verlangsamung beim Schreiben habe ich Zeit, nachzudenken.** Ich formuliere bewusst.

Das heißt nicht, dass ich über jedem Satz lange brüte. Es hat eher damit zu tun, in welche Worte ich das Gesagte kleide. Es kommt nicht in Jogginghose daher, nicht im Schlabberlook, sondern im feinen Pullover.

Sind Briefe oft melancholisch? Kann sein. Unglück sorgt eher dafür, dass wir schreiben. Wenn wir uns freuen, rufen wir rasch jemanden an oder treffen uns.

Aber nicht jeder Brief muss gleich klingen. Passe ich mich in Ton und Thema dem Empfänger an, dann schaffe ich Nähe, dann biete ich Nähe.

Der Austausch mit der einen Person kann spontan hingeworfene Zeilen bedeuten, mit unordentlicher, unterbrochener Sprache, peppig, frech. Mit jemand anderem klingt er kindlicher oder verträumter. Der Brief, den ich empfange, hat einen großen Einfluss auf den Brief, den ich zurückschreibe. Er bringt mich in eine passende Stimmung.

Wir sind heute sehr bei uns, wir versetzen uns wenig in unser Gegenüber – was für einen guten Brief unerlässlich ist. **Ein Briefwechsel wirkt wie eine Medizin für die heutige Zeit.** Man denkt beim Schreiben an den Empfänger, als säße er neben einem.

Herrlich zärtliche, entzückte oder auch erboste Briefe schrieb Harry Rowohlt. Sie zu lesen ist allein schon deshalb eine Freude, weil zwischen dem Papier und Harry Rowohlts Seelenempfinden scheinbar nichts Blockierendes steht, man folgt ihm beim Lesen in seinen Stimmungen, seiner Sprachfreude, seinem Alltagshumor und fühlt sich ihm nahe. So beginnt er zum Beispiel einen Brief an die Schriftstellerin Christine Eichel am 7. März 1998:

Liebe Christine,

(Ich bin, weil Du mich nicht sehen kannst, frisch operiert, d. h. ich bin natürlich nicht frisch operiert, weil du mich nicht sehen kannst, bzw. weil Du gesagt hättest: »Ich kann dich nicht mehr sehen; laß dich doch mal operieren«, sondern weil Du mich nicht sehen kannst, sage ich lieber dazu, daß ich frisch operiert bin, und zwar im Gesicht: Eine filiforme Warze am linken Nasenflügel und zwei Zysten – und jetzt wird's spannend – je links und rechts am rechten Auge, so daß ich ein Brillenhämatom, vulgo Veilchen, habe, und als ich gestern kurz in der »Glocke« weilte, um

ein gerahmtes Gedicht abzugeben, setzte ich mich neben Michi-den-Fensterputzer an den Tresen. Michi-der-Fensterputzer hatte ebenfalls eine völlig verhauene Fresse, und ich sagte: »Jeder, der uns nebeneinander sitzen sieht, sagt sich: ›Wie nett. Sie haben sich wieder vertragen.‹« Jetzt weißt Du, wie aussieht, was Dir schreibt.)[41]

Harry Rowohlt war im Hauptberuf Übersetzer, er übertrug aus dem Englischen so unterschiedliche Werke ins Deutsche wie »Die Asche meiner Mutter« von Frank McCourt oder »Pu der Bär« von A. A. Milne. Die Sprachgewalt merkt man seinen Briefen an. Aber nicht sie ist es, die seine Briefe zu etwas Besonderem macht, sprachgewaltig haben auch andere geschrieben, nein, es ist die Unmittelbarkeit, der Mut, ohne jede Eitelkeit herauszulassen, was man denkt. Lese ich seine Briefe, verblüfft mich, dass er mit derselben brummigen Lockerheit an Verleger und berühmte Leute schrieb wie an anonyme »Lindenstraße«-Fans.

Warum »Lindenstraße«? Der gleiche sprachgewandte Harry Rowohlt war über viele Folgen Darsteller eines Obdachlosen in der Fernsehserie »Lindenstraße«. (Und es regte ihn ungeheuer auf, dass manche Zuschauer offenbar nicht in der Lage waren, die Fernsehwirklichkeit von der Realität zu unterscheiden. Nicht nur bekam der Schauspieler Joachim Luger im Kölner Hauptbahnhof von der Blumenfrau eine Ohrfeige verpasst – mit der Begründung: »So etwas tut man nicht!« –, weil er sich in der Serie von seiner Film-Ehefrau getrennt hatte, auch Harry Rowohlt bekam es zu spüren: Ihm steckten die Leute einen

Euro zu, damit er sich einen Kaffee oder etwas zu essen kaufen könne; eine Zuschauerin schrieb sogar an die Redaktion, wenn er nicht zu viel saufen und sich ordentlich benehmen würde, würde sie ihn bei sich aufnehmen.)

Für Harry Rowohlt war das Briefeschreiben selbstverständlich. Sein Archiv, die »Nicht weggeschmissenen Briefe« (so der Untertitel einer in Buchform erschienen Briefsammlung), umfasste 80 prall gefüllte Leitz-Ordner, rund 30.000 Seiten.

Er konnte sich fürchterlich aufregen, aber auch charmante Kurzbriefe schreiben wie diesen an einen Buchhändler in Brackenheim:

Lieber Herr S.:

So, jetzt bin ich wohlbehalten zum Sockenwechseln kurz zu Hause, nicht zuletzt weil ich so nett nach Heilbronn gefahren wurde, wo mir allerdings ein ziemlicher Dämpfer versetzt wurde. Auf dem Bahnsteig wollte mir eine alte Dame von der Bahnhofsmission in die Eisenbahn helfen!!! So weit ist es also schon. Nichts wird mehr so sein wie früher.

Alles Beste,
Harry Rowohlt[42]

Ähnlich augenzwinkernd und larmoyant schrieb der Autor und DDR-Dissident Jurek Becker, nur dass es bei ihm nicht Briefe, sondern Postkarten waren, die er zur Kunstform erhob.

Als zu Beginn des 20. Jahrhunderts der Massentourismus aufkam, wurden Postkarten immer beliebter. Man schickte vom Urlaub am Meer Karten nach Hause an die Daheimgebliebenen. Jeder von uns kennt solche Karten. Wir freuen uns über das Bild, überfliegen kurz den Text und hängen die Karte an den Kühlschrank. Da hängt sie dann eine lange Zeit. Aber auch Postkarten kann man pfiffig verfassen, es muss nicht immer ein Satz zum Wetter und ein »Hier ist es schön« sein oder ein »Ich erhole mich gut«.

Jurek Becker schrieb solche pfiffigen Postkarten. Eine Sammlung seiner Postkarten erschien gerade in Buchform, herausgegeben von seiner Frau Christine. Allein an sie schrieb er 380 Postkarten, insgesamt sind von ihm 950 Karten überliefert.

So klingt es, wenn er aus dem Urlaub schreibt:

> *»Wir haben die Kleider voll Sand, die Gesichter voll Sommersprossen und die Herzen voll Zuversicht.«*[43]

Oder, herrlich, seine Postkarte aus Houston mit hintersinnigem Humor:

> *Ihr Lieben, nun sind wir also in Houston. Hier erweist sich meine Muskelverletzung am Bein als besonders verhängnisvoll: Im GALERIA-Shopping-Centre kommen wir nur sehr langsam von Geschäft zu Geschäft und können so nicht in dem Maße vom Währungsgefälle profitieren, wie es sonst möglich gewesen wäre. Aber Christine stützt*

(und zieht!) mich aus ganzer Kraft, und wir tun unser Bestes.

In Liebe Jurek + Christine[44]

Ähnlich leisen, liebevollen Spott bringt er auf einer Karte unter, die er im offiziellen Adressfeld beschriftet an »Christine Liebling Becker« (ich stelle mir vor, dass der Postbote die Adresse mit einem bewegten Herzen gelesen hat):

Meine Marzipankartoffel, eben sitze ich, kucke Football, sehe einen verträumt daliegen – er macht überhaupt keine Anstalten aufzustehen – und an wen denke ich da? Richtig! Das ist aber insofern auch kein Wunder, weil ich so gut wie immer an Dich denke. Dein Rumtrüffel[45]

Er verpasst seiner Frau vielfältige Kosenamen auf seinen Postkarten, er nennt sie »Du alte Mottenkugel«[46], »Du alte Schneeflocke«[47], »Verehrte Gewürzgurke«[48], »Du blaues Wunder«[49], »Du toller Einfall«[50], »Du milde Gabe«[51], »Du betörender Duft«[52].

Auch bei Postkarten an andere Leute blitzt bei ihm der Humor schon in der Anrede durch. »Liebe Edith, schöner Helge«, beginnt er am 29. März 1991 eine Postkarte aus Paris.[53]

Besonders berührt es mich, dass Jurek Becker seiner Frau sogar dann schreibt, wenn sie mit ihm im gemeinsamen Urlaub ist (»ich fände es ungerecht, wenn Du bloß deshalb keine Karte aus Reykjavik kriegst, weil Du zufällig auch hier bist«[54]).

Und seine Liebeserklärungen! »Weißt du, wie Israel ohne Dich ist? Wie ein Fenster ohne draußen. Oder wie eine Straße ohne wohin.«[55]

Zwei Jahre vor seinem Tod schrieb er an seine Frau:

> *Du milde Gabe, ist Dir eigentlich klar, daß jede Karte auch ein kleiner Seufzer ist: Ach, sie ist nicht hier! Falls Du noch nie daran gedacht haben solltest (zuzutrauen wärs Dir), dann nimm die vielen Karten, halt sie an Dein inneres Ohr (nicht zu verwechseln mit dem Innenohr), und Du wirst eine mächtige Sinfonie des Herzens hören.*[56]

Als Jurek Becker schwer an Krebs erkrankte, blieb er seiner guten Gewohnheit treu. Er schrieb seiner Frau aus dem Krankenhaus weiter Postkarten.

In Tinte gefasste Verletzlichkeit

Was macht einen berührenden Brief herzergreifend? Die Verletzlichkeit des Verfassers. Und sein Mut, sich in aller Intensität dazu zu bekennen. Auch Freude kann verletzlich sein, viele Liebesbriefe tasten sich an diese größtmögliche Verletzlichkeit heran, an das Geständnis, einem anderen Menschen vollkommen verfallen zu sein, ihn zu brauchen wie die Luft zum Atmen.

Uns bewegt ein mit Tinte geschriebenes Liebesgeständnis, es berührt uns tiefer als jedes noch so charmante Kompliment, und es bleibt uns: Wir können es neben das Bett legen und am

Morgen gleich nach dem Aufwachen erneut lesen. Wir können es tagelang mit uns herumtragen.

Wie das Herz höher schlägt, schon wenn man die Handschrift der geliebten Person auf dem Umschlag sieht! Sofort ist zu erkennen, ob sie den Brief in Eile, in aufgewühlter Stimmung oder fröhlich geschrieben hat.

Seit Jahren sinkt in Westeuropa der IQ. Meinetwegen, dann sinkt er eben. Wir verlieren gleichzeitig aber an Eloquenz, wir verehren das Vulgäre und sind – teilweise – sogar stolz darauf, keine Bücher mehr zu haben. Wir wischen nur noch, tippen mit den Daumen kurze Nachrichten, können längeren Texten kaum noch folgen. Das Wahrnehmen von sprachlichen Feinheiten geht uns verloren.

Bei einer Mail haben wir durch ihre Schnelligkeit und Flüchtigkeit die Erwartung, dass sie auch knapper geschrieben sein muss (am Bildschirm liest man ungern lange Texte). Die Knappheit versuchen wir mit Emoticons oder Ausrufezeichen auszugleichen. Oft ist eine Mail nur ein Gesprächsfetzen, den das Gegenüber binnen Kurzem beantwortet. Aber sie hat auch ihre Vorteile. Sie ist kein großes Ereignis, deshalb schreiben wir sie in lockerer Empfindung, unangestrengt und ohne dass wir große Konzentration aufwenden.

Ein Brief hat allein durch seinen Reiseweg etwas Feierliches: Er wird verfasst, unterschrieben, zum Briefkasten getragen (der Absender freut sich, die heutige Leerung noch erwischt zu haben). Er wird aus einem Postsack geschüttelt, sortiert und gewogen, in einen Lastwagen verladen und zum Zug gebracht oder zum Flugzeug, wird nach langer Reise wieder ausgeladen und am Ende vielleicht mit einem Fahrrad durch die Straßen gefahren, bis er bei uns landet.

Ein Brief hat Knicke. Er hat Kratzer. Er hat einen fleckigen Stempel. Aber das gefällt mir. Ein Brief muss nicht synthetisch rein sein wie eine E-Mail. Er hat eine Reise hinter sich, das darf man ihm ruhig ansehen.

Ich schenke etwas, das eine Reise macht, eine Anstrengung unternimmt, ein Abenteuer zu absolvieren hat, bis es sein Ziel erreicht.

Dieses Abenteuer steckt bis heute im Wort »Post«. Die Herbergen und Ställe entlang der Römerstraßen, wo die Boten ihre Pferde wechseln oder für die Nacht unterkommen konnten, waren am Straßenrand mit einem Pfosten markiert, und wegen dieser »Posten« nennen wir unser Transportnetz bis heute »Post«.

Damals waren Briefe hölzerne, aufklappbare Schreibtäfelchen mit einer Wachsschicht, in die man mit einem Metallgriffel die Buchstaben hineinschrieb. Sie hatten einen erhöhten Rand, sodass das Eingeritzte hohl lag und nicht verwischen konnte. Mit einem Bindfaden verknotete man die Täfelchen kreuzweise und drückte ein Siegel darauf, das beim Empfänger genau geprüft wurde.

Heutzutage empfinden wir das Verfassen von Briefen als sehr privat, aber in der Antike und im frühen Mittelalter wurden sie oft diktiert, denn es gab einerseits viele Analphabeten, selbst unter den Adeligen und sogar Königen. Und andererseits auch Leute, die sehr wohl selbst schreiben konnten, aber trotzdem jemanden anstellten, um für sie das Diktierte festzuhalten.

Man sprach seine persönlichen Empfindungen laut in den Raum hinein (für mich eine ungewöhnliche Vorstellung), damit jemand sie niederschrieb. Die Griechen schlossen ihre Briefe mit »Freude dir« oder »Sei gegrüßt«, die Römer mit »Lebe wohl«.

Nach den Schreibtafeln kam das Pergament in Gebrauch, hergestellt aus Schafs- oder Ziegenhaut, die man in Kalklauge einweichte, damit sich die Haare besser ablösen ließen, und die man anschließend zum Trocknen in Holzrahmen einspannte. Vor dem Beschreiben wurde das Pergament mit einem Bimsstein aufgeraut, damit es die Tinte besser aufnahm. Eintausend Jahre lang bildete es die Grundlage für Buchseiten und Briefe, bis es im 14. Jahrhundert durch das Papier verdrängt wurde.

Und die Tinte?

Legt eine Eichengallwespe ihr Ei mit einem Legestachel in ein Eichenblatt, bildet sich durch eine Abwehrreaktion der Eiche eine Wucherung: der Gallapfel, in dem sich die Larve der Gallwespe entwickelt. Übrigens gibt es Gallwespen, die wie Parasiten ihre Eier in die Galläpfel anderer Gallwespen legen, und dann verdrängt ihre Larve die andere Larve …

Der Gallapfel enthält Gerbsäure und Gallussäure. Diese Galläpfel hat man im Mittelalter gesammelt, getrocknet, zerstampft und zerkocht. Den Absud vermischte man mit Harz und Eisensulfat. Er ergab so gute Tinte, dass sie bis in die 1960-er Jahre in Kanzleien üblich war, weil sie so beständig ist und bis heute zum Unterzeichnen von Staatsverträgen verwendet wird.

Das Mittelalter hatte einen wachen Sinn für Schönheit. Damals erfand und verwendete man auch Goldtinte, Silbertinte, leuchtend rote Tinte, Lapislazuliblau und weitere herrliche

Farben. Später, im 18. Jahrhundert, kam Tintenfischtinte aus Sepia, Ruß und Serpentin zum Einsatz.

Ein Lebenszeichen aus der Ferne

Das 18. Jahrhundert gilt als *das* Zeitalter des Briefes. Waren vorher oft nur Gelehrte der Handschrift und des Lesens mächtig, änderte sich dies durch die flächendeckende Alphabetisierung rapide. Deutsch löste Latein als Schriftsprache ab. Der Bruch mit Jahrhunderte alten Konventionen ließ die Menschen ihren Wert als Individuum erkennen. Im Zeitalter der Aufklärung wurde es modern, Freundschaften auch außerhalb geschäftlicher oder politischer Beziehungen zu pflegen. Der Brief erwies sich als perfektes Medium, um im steten und vertrauten Austausch mit Freunden und Verwandten zu bleiben. **Er war das soziale Netzwerk der damaligen Zeit.**

Was es bedeutet haben muss, wenn jemand nach Amerika auswanderte und man monatelang nichts von ihm hörte, nicht wusste, ob sein Schiff angekommen war und ob er lebte, ob er eine Arbeit gefunden hatte, wie es ihm ging – und dann brachte der Briefbote ein Blatt Papier, vom vermissten Sohn mit Buchstaben beschrieben, mittels derer er von seinen Erlebnissen erzählte!

Wie oft werden die Angehörigen diesen Brief gelesen, vorgelesen, herumgezeigt haben, wie werden sie ihn sich an die Brust gedrückt haben: *Er lebt! Es geht ihm gut! Und er berichtet wundersame Dinge.*

Dass Nachrichten es überhaupt so weit schafften, ein Stück Papier, das die Wogen des weiten Meeres überquerte, über Wochen, bis es endlich von der Hand des Briefboten an die richtige Haustür gereicht wurde, muss die Menschen beeindruckt haben.

Das Porto war in früheren Zeiten nichts für die sprichwörtliche »Portokasse«, es war kein Kleckerbetrag, sondern durchaus eine Ausgabe. Deshalb behalf sich mancher Anfang des 19. Jahrhunderts, als in England noch der Empfänger das Porto bezahlte und nicht der Absender, indem er auf dem Umschlag durch Striche oder einen kleinen Buchstabencode übermittelte, dass es ihm gut gehe, was beim Aushändigen der Post durch einen raschen Blick gesehen wurde, und dann verweigerte man die Annahme und musste also nichts bezahlen.

Nicht, dass uns diese Tricks heute in Zeiten des Telefons fremd wären – ich erinnere mich an Zeiten vor den Flatrates, wo man Telefongebühren sparte, indem man vereinbarte: »Ich lasse es zweimal bei dir klingeln, so weißt du, dass ich gut zu Hause angekommen bin.«

Die Erfindung der Briefmarke

Der Trick mit der verweigerten Annahme machte das Postsystem verwundbar. Dass der Empfänger einen Brief bezahlen musste, sorgte aber auch für traurige Situationen. Einmal erlebte der Postbeamte Rowland Hill, wie eine junge Frau den Brief ihres Verlobten nicht in Empfang nehmen konnte, weil sie zu arm war, um das Porto zu bezahlen. *Dieses System muss besser zu regeln sein*, dachte er sich. Und er erfand – die Briefmarke.

Damals musste man das Briefporto noch kompliziert berechnen, es war abhängig von der Entfernung, über die der Brief zu transportieren war, und von der Anzahl der Seiten. Rowland Hill schlug vor, das Porto zu vereinheitlichen und es unabhängig von der Entfernung zu machen, allein das Gewicht des Briefs sollte noch eine Rolle spielen. Außerdem sollte in Zukunft der Absender das Porto bezahlen. Das würde alles weniger kompliziert machen, und man könnte die Portokosten auf einen Penny je halber Unze Briefgewicht senken.

Um zu beweisen, dass das Porto bezahlt war, sollte ein Etikett auf den Brief geklebt werden, ein Stückchen Papier, auf der Rückseite mit einem klebrigen Überzug bedeckt, den man anfeuchten konnte, um es auf dem Brief zu befestigen. (Klebemarken hatte es für die Verwaltung von Steuern bereits gegeben.)

Als Rowland Hill seine Ideen der Regierung vortrug, winkte Generalpostmeister Lord Lichfield ab, das seien wilde und fantastische Pläne. Ein anderer Abgeordneter, der mit der Arbeit der Post befasst war, nannte die Vorschläge absurd.

Trotzdem setzten sie sich durch, wie auch eine weitere Idee von Hill, die das Austragen der Post betraf: Wenn der Postbote nicht immer erst klingeln und darauf warten müsste, dass jemand die Tür öffnete, wäre er viel schneller. Deshalb könnte man doch jedes Haus mit einem Briefkasten ausrüsten, dachte sich Hill, in den der Bote die Briefe einwerfen könnte.

1840 kam die erste Briefmarke der Welt heraus, die *Penny Black*. Sie zeigte Königin Victoria, und es stand kein Ländername auf der Marke, wozu auch? Nirgendwo sonst auf der Welt gab es welche. Bis heute ist England das einzige Land, das auf eine Länderbezeichnung auf seinen Briefmarken verzichtet. Es genügt das Königinnenbildnis, und jeder weiß, woher die Marke stammt.

Eine bahnbrechende Errungenschaft: Für einen Penny konnte man jetzt einen 14-Gramm-Brief überallhin schicken.

Übrigens begannen gleich die ersten Sammler mit dem Briefmarkenhobby. Es gab zwar neben der *Penny Black* nur eine weitere, die blaue Zwei-Pence-Marke. Ein kurzlebiger Spaß, könnte man da meinen – ziemlich rasch hat man die zwei weltweit einzigen Marken beisammen. Aber der Clou war, dass auf den Briefmarken winzige Buchstaben abgedruckt waren, um Fälschungen zu erschweren, viele unterschiedliche Buchstabenkombinationen, und die sammelte man nun und versuchte, seine Sammlung zu vervollständigen.

Die Entdeckung der Langsamkeit

Auch heute noch strengen sich viele Leute an, damit eine mit Buchstaben beschriebene Seite ihrem Empfänger zugestellt wird. Sie verbringen ihr Berufsleben damit, hin und her zu fahren, sie sind täglich stundenlang auf der Straße, um unsere Briefe zu transportieren.

Die Vorstellung einer Stadt ohne Briefkästen und ohne Postamt ist mir schmerzhaft. Auch wenn es Mails gibt, mir würde etwas Wichtiges fehlen. Wir können heute einen Brief für acht Zehn-Cent-Münzen verschicken, gefüllt mit guten Gedanken und fröhlichem Bericht, mit besorgten Nachfragen, mit Liebeserklärungen oder dem Versuch, einen Streit zu schlichten.

Aber wir haben die Dinge gern sofort. Musik, die auf Wunsch aus dem Computer dudelt, kein Warten auf eine bestimmte Sendung im Radio, ein »Ich will, und zwar jetzt« – womöglich per Befehl an den Smartspeaker – und schon sprudelt es los.

Online-Verkaufsportale tüfteln so lange herum, bis es die One-Click-Bestellung gibt, also noch weniger Mühe, nur ein »Ich will«, und das Objekt unserer Begierde ist gekauft. Wenn es Musik ist oder ein Film, können wir sie sogar gleich ansehen oder anhören. Oder ein E-Book sofort lesen.

Ein Brief dagegen ist tagelang unterwegs. Eine Postkarte aus einem Kriegsgebiet kam bei mir erst nach Monaten an. Der Brief ist ein Stück Papier, das der Sender sorgfältig beschrieben und gefaltet und eingetütet hat. Es wurde von ihm ausgewählt. Es wurde von ihm berührt. Das ist in unserer digitalen Welt etwas Besonderes.

Der Brief verströmt einen Hauch von Fernweh, von Sehnsucht nach realem Nahsein. Die Mail reizt nicht die Sinne, sie ist flach.

Warten ist etwas Herrliches! Meine Kinder fragen jeden Tag, wie lange es noch bis zu ihrem Geburtstag dauert. Sie bestaunen das Lego im Laden und warten darauf, ein bestimmtes Legoset zu erhalten. Wenn ich jedes Mal sagen würde: »Na gut, ich kaufe es euch« – wie viel geringer wäre die Freude! Denn das Warten ist ein Teil davon.

Wir sind gerade dabei, das Warten zu verlernen. Was morgen wird, was in zwei Jahren ist, zählt für uns nicht. Aber manche Dinge entstehen nicht schnell, sondern nur behutsam und mit Zeit. Freundschaft zum Beispiel.

Und dann ist da das Vergnügen, einen Antwortbrief zu erhalten, auf den wir jeden Tag beim Öffnen des Briefkastens gehofft haben. Nicht nur mit den empfangenen Briefen, auch mit jedem Brief, den wir verfassen, werden wir ein Stück erfahrener. Wir formen unsere Gedankenwelt und formen uns damit selbst.

Sind wir zu sehr ausgefüllt mit Arbeit und »Freizeitstress«, um uns noch in Ruhe hinzusetzen und einen Brief zu schreiben? Hatte man früher mehr Zeit? Vielleicht. Allerdings wird ein Staatsmann wie Cicero ebenfalls viel beschäftigt gewesen sein, Rom war keine Kleinstadt, und das römische Weltreich kein behäbiger kleiner Landkreis. Trotzdem schrieb er wunderbare seitenlange Briefe.

Um das Jahr 1450 erwähnte Margaret Paston in fast jedem ihrer Briefe an die Familie in London, sie sei »in Eile«. Im November 1943 – während des Zweiten Weltkriegs – schrieb der Lyriker Josef Weinheber an Maria Mahler:

> *»Nun ist es so weit, daß ich mit einer ein wenig gelassenen Stimmung an Sie schreiben kann. Ich bin untertags so viehisch gehetzt, daß für die Mitteilung eines echten Gedankens kein Raum bleibt. Es ist wohl das gleiche wie bei Ihnen: Wir haben nicht mehr die Luft, die wir brauchen, um Mensch sein zu können.«*[57]

Sind unsere Bedingungen heute wirklich so viel schlechter?

Auch früher gab es kurze Briefe. Der kürzeste Brief, der je geschrieben wurde, ist wohl der von Victor Hugo an seinen Verleger, als sich Victor Hugo Sorgen machte, ob *Les Misérables* ein Erfolg waren – er schrieb aus der Ferne nach Paris: ?

Der Verleger war glücklich über die rasanten Verkaufszahlen und antwortete: !

Die wunderbare Qual der Wahl: Das Handwerkszeug

Zur wertschätzenden und entschleunigenden Kunst des Briefeschreibens gehört natürlich auch das richtige Handwerkszeug. Einen schönen Brief schreibt man nicht mit dem Werbegeschenk-Kuli auf irgendeinen Zettel, sondern er will zelebriert werden.

Allein die Auswahl der Materialien ist die pure Freude. Stöbern Sie zunächst in Ihrem Fundus. Vielleicht haben Sie einmal ein Set Briefpapier als lieb gemeintes Geschenk erhalten und noch nie benutzt? Wenn Sie Ihre Stifte sortieren, findet sich möglicherweise ein verloren geglaubter Lieblingsstift wieder ein. Werfen Sie weg, was nicht mehr funktioniert und Ihnen nur noch Platz im Federmäppchen oder der Schreibtischschublade blockiert.

Denn klar ist: Wenn Sie den Spaß am schönen Schreiben entdeckt haben, dann werden Sie Platz benötigen. Platz für all die wunderschönen Papiere, die unterschiedlichen Schreibwerkzeuge, die strahlenden Tintenfässchen und Flakons.

Und für die Briefe, die auch Sie künftig mit Sicherheit erhalten werden. Ihr ganz persönlicher Schriftschatz.

Papier und Umschläge

Sie wussten gar nicht, wie viele verschiedene Papiersorten es gibt und worauf man achten soll, um einen schönen Brief zu verfassen? Die Auswahl des richtigen Materials ist nicht nur wichtig für ein zufriedenstellendes Ergebnis, sondern macht auch riesigen Spaß. Kennen Sie die Papierabteilung eines Schreibwarenladens oder – soweit vorhanden – ein Geschäft für Künstlerfachbedarf in Ihrer Nähe?

Ich liebe es, mich durch solche Orte treiben zu lassen. Die Farbwelten zu entdecken. Zarte Pastelltöne, kräftige Regenbogenfarben. Die Papiere zu fühlen. Glatte Feinpapiere, grobere, handgeschöpfte Büttenblätter und die ganze Bandbreite an Künstlerpapieren dazwischen. Fast immer entdecke ich etwas Neues und kann es kaum erwarten, diesen Schatz mit nach Hause oder in die Schreibwerkstatt zu nehmen und auszuprobieren.

Besuchen Sie so einen Ort einmal. Nehmen Sie die Vielfalt auf und entdecken Sie, was Sie am meisten anspricht. Was geht Ihnen nicht aus dem Kopf, und womit möchten Sie gern in Ihr Schriftabenteuer starten? Ein riesiges Angebot ist gar nicht immer nötig. Wichtig ist eher, die richtige Wahl zu treffen.

Zunächst empfehle ich auf folgende Eigenschaften Ihres bevorzugten Papiers zu achten:

Ist Ihr Papier so glatt wie möglich?

Ein unter Kalligrafen bekannter Spruch lautet: Die Feder soll über das Papier fliegen. Ich stelle mir vor, wie meine Gedanken, in Worte und Sätze gefasst, über mein Blatt fliegen und lebendig sind … eine schöne Idee.

Wann kann eine Feder oder auch jeder andere Stift am besten »fliegen« oder »gleiten«? Das funktioniert sehr gut, wenn wir auf möglichst glatten und geschlossenen Oberflächen schreiben. In früheren Zeiten, als hauptsächlich mit der Feder geschrieben wurde, war dies ein ganz wichtiges Qualitätsmerkmal, denn die Feder blieb sonst hängen und der Schreibfluss wurde unterbrochen. Im Alltag nutzen die meisten von uns heute eher Tinten- oder Gelroller, die über sehr viel bessere Gleiteigenschaften verfügen. Doch möglichst glattes Papier erleichtert Ihnen auch mit diesen Schreibwerkzeugen das zügige Schreiben ungemein.

Machen Sie die Probe: Nehmen Sie ein Blatt eines herkömmlichen, günstigen Kopierpapieres und vergleichen Sie seine haptischen Eigenschaften mit einem glatteren Papier. Das muss nicht unbedingt sehr viel teurer sein. Und es kann sich auch durchaus um ein recyceltes oder ressourcenbewusst hergestelltes Papier (zum Beispiel FSC-zertifiziert) handeln.

Wenn Sie Freude am regelmäßigen Schreiben mit der Hand gefunden haben und etwas geübter sind, probieren Sie auch einmal ein etwas raueres Papier aus. Die hierauf entstehenden kleinen Abrisse und Unregelmäßigkeiten verleihen Ihrem Schriftbild den ganz besonderen Touch und können sehr reizvoll sein.

Wie saugfähig ist Ihr Papier?

Ich erinnere mich, dass früher jedem Schreibheft ein Bogen Löschpapier beigelegt wurde. Gerade für mich als Linkshänderin ein Lebensretter, wenn ich bei Klassenarbeiten schneller geschrieben habe, als die Tinte trocknen konnte.

Kennen Sie den Moment, wenn Ihr frisch geschriebenes Wort langsam auf dem Papier zerläuft und die Tinte in zarte kleine Fäden »ausfiedert«? Dieser Begriff wird verwendet, wenn das Papier zu saugfähig ist und die Tinte nicht auf der Oberfläche stehen bleibt, sondern in die Fasern hineingezogen wird. Besonders, wenn man sich gerade entschieden hat, endlich einmal wieder mit dem Füller zu schreiben, eine große Enttäuschung.

Das kann verschiedene Ursachen haben. Eine davon ist eine zu offenporige Oberfläche Ihres Papiers. Daher eignet sich ein Papier mit einer »glatt gestrichenen« oder satinierten Oberfläche am besten für das Schreiben mit flüssigen Farben wie Tinte, Tusche, Aquarellfarben und Ähnlichem. Ein für das Schreiben mit diesen Materialien geeignetes Papier sollte über eine gerade so stark geschlossene – im Fachjargon »gestrichene« – Oberfläche verfügen, dass die

Tinte nicht komplett auf der Oberfläche steht und möglicherweise abperlt, aber dennoch über genug Saugkraft verfügen, um schnell zu trocknen.

Ein gut geeignetes Briefpapier sollte über eine Grammatur von 90–110/m² verfügen. Ist Ihr Papier zu dünn, kann es beim Schreiben mit einem Füller oder anderem Schreibwerkzeug, das viel Farbe abgibt, zum Effekt des sogenannten »Durchblutens« kommen. Hier hilft es, auf ein stärkeres Papier umzusteigen oder das Schreibgerät zu wechseln. Bei Bleistift, Gelroller und Co. passiert dies in der Regel nicht.

Weiß oder farbig?

Mein erster Liebesbrief, den ich in der 4. Klasse der Grundschule erhalten habe, war auf flammend rotem Papier geschrieben. Schon das hat großen Eindruck bei mir hinterlassen und dem Anliegen des Absenders zusätzlich Nachdruck verliehen.

Welche Papierfarbe Sie bevorzugen, ist Ihrem Geschmack und in manchen Fällen auch dem Anlass überlassen. Grundsätzlich bietet es sich an zu unterscheiden, ob man einen privaten Brief an eine vertraute Person schreibt oder der Brief eher einen formellen Charakter hat. Ein Kondolenzschreiben auf farbigem Papier ist in den meisten Fällen keine gute Idee. Ein Geburtstagsgruß oder eine Einladung zu einem Fest verträgt etwas Farbe hingegen sehr gut.

Ein klares und konturiertes Gesamtbild sollte in jedem Fall Ihr Ziel sein. Verwenden Sie auf dunklerem Papier eher einen weißen Gelroller, da eine dunkle Tintenfarbe nicht genug Kontrast bietet und das Lesen erschwert. Außerdem kann dieser Effekt ein sehr schönes Gesamtbild erzeugen. Die ganz klassische Variante von weißem oder cremefarbenem Papier mit schwarzer oder dunkelblauer Tinte ist für alle Anlässe eine gute Wahl.

Bei der Beschriftung von Briefumschlägen ist ein größtmöglicher Kontrast nicht nur wünschenswert, sondern auch unabdingbar für dessen Beförderung. Da Umschläge heute maschinensortiert werden, muss die Anschrift kontrastreich und gut lesbar sein. Diese Notwendigkeit ist aber kein Grund, auf eine fantasievolle Ausschmückung zu verzichten. Wer die Umschläge beispielsweise für Weihnachtspost oder Einladungen kreativ gestalten möchte, sollte allerdings die Vorgaben der Post[58] beachten.

Schreibwerkzeuge und Stifte

Wann haben Sie zuletzt mit einem Füller geschrieben? In der Schule? Würden Sie am liebsten nur mit einem weichen Bleistift schreiben? Und lehnen Sie Kugelschreiber grundsätzlich ab?

Das Schreiben mit der Hand ist eine wirklich sinnliche Erfahrung. Es verbindet uns viel stärker mit der Welt um uns herum als das Tippen auf einer Tastatur.

Das Schreiben mit der Hand regt das Gehirn ganzheitlicher an als das Tippen auf PC, Handy oder Tablet. Erinnern Sie sich an den »Spickzettel« während Ihrer Schulzeit? Oft war sein Einsatz bei der Klassenarbeit gar nicht mehr nötig, denn das Zusammenfassen der wichtigsten Informationen und das handschriftliche Übertragen des Inhalts in Ihren eigenen Worten sorgten dafür, dass die Lernspur bereits bestens in Ihrem Gedächtnis verankert war.

Beim Schreiben mit der Hand hören wir das Kratzen der Feder auf dem Papier. Wir fühlen das Gewicht des Stiftes in der Hand. Seine Oberfläche. Ob er verkrampft umklammert wird oder sich perfekt und harmonisch in unsere Hand schmiegt. Stellen Sie sich vor, wie der Brief, den Sie versendet haben, beim Öffnen duftet. Moderne Dufttinten machen das möglich.

Gerade über Füllfederhalter und Tinten könnte man ein eigenes Buch schreiben. Und wenn Sie, so wie ich, mit Ihrer linken Hand schreiben, dann wissen Sie auch, welch besondere Herausforderungen damit verbunden sein können. Doch auch wenn Sie am liebsten mit einem guten Kugelschreiber oder Gelroller schreiben, können Sie ein schönes, aussagekräftiges und vor allem individuelles Schriftbild erzeugen.

Jeder von uns findet mit der Zeit sein liebstes Schreibwerkzeug. Probieren geht hier eindeutig über Studieren. Bei all den Möglichkeiten und der großen Vielfalt der Angebote gibt es ein paar Merkmale, die uns helfen, die perfekte Wahl zu treffen.

Bleistift und Spitzer

Auch wenn es sich vielleicht etwas schräg anhört, aber das Anspitzen von Bleistiften finde ich grandios. Ich bin dann voller Vorfreude und weiß, gleich geht es los. Es ist, wie wenn ein Musiker sein Instrument stimmt.

Ein Bleistift gehört zur Grundausstattung der Schreibwerkzeuge. Aber wussten Sie, dass in einem Bleistift eigentlich gar kein Blei vorhanden ist? Man hielt bei seiner Erfindung im 17. Jahrhundert das bis heute verwendete Graphit für Bleierz. Tatsächlich ist Graphit aber eine stabile Erscheinungsform des Kohlenstoffs. Ein Irrtum hat dem Bleistift also bis heute seinen Namen verliehen.

Der Bleistift hat viele Vorteile: Er lässt uns frei entwerfen. Sein Strich spiegelt unseren Gemütszustand so gut wie kein anderes Schreibwerkzeug. Zart und leicht oder druckvoll dynamisch. Einen Bleistiftstrich kann man ausradieren und somit Fehler korrigieren, eine Formulierung durch eine andere ersetzen oder ganz streichen, ohne dass es zu sehen ist. Unser Text, eine kleine Skizze oder Verzierung, alles kann entstehen, überarbeitet und optimiert werden. Nichts ist festgeschrieben. Man kann ihn einfach ohne Gefahr des Auslaufens in die Tasche stecken und auch mit der Spitze nach oben schreiben. Und das bei jeder Temperatur. Handwerker schätzen diese Vorteile auch.

Was unterscheidet einen guten von einem minderwertigen Bleistift? Ein erstes, recht simples Kriterium ist, dass das Holz beim Spitzen nicht splittert und die Graphitmine mittig eingefasst ist. Bei der Herstellung von hochwertigen Bleistiften wird traditionell kalifornisches Zedernholz verwendet. Das Holz der Roten Zeder splittert und verzieht sich nicht und wird bereits seit dem 18. Jahrhundert als »Bleistiftholz« bezeichnet.

Ob Sie lieber mit einem runden oder eckig gefassten Stift schreiben, ist Geschmackssache. Einige Exemplare verfügen sogar über kleine »Grip-Punkte«. Testen Sie, was Ihnen am besten in der Hand liegt.

Ein guter Bleistift verfügt über eine hoch pigmentierte Graphitmischung. Die Farbe steht dann satt auf dem Papier. Bleistifte werden in verschiedenen Härtegraden angeboten. Die Palette reicht von 9H (hard – extrem hart) bis zu 9B (black – extrem weich). Zum Schreiben eignen sich die mittleren Härtegrade (beispielsweise HB) am besten.

Im Gegensatz zu Gelrollern und den meisten Füllern reagiert ein »weicher« Bleistift (zum Beispiel 3B) auf Druck und lässt Ihr Schriftbild damit lebendiger erscheinen. Die weiche Graphitmine gleitet gut über das Papier, und besonders während unserer Aufwärmphase (siehe Seite 141 f. »Einschreiben«) ist ein weicher Bleistift die perfekte Wahl. Eine eher härtere Version eignet sich hingegen gut, um fast unsichtbare Raster auf Karten oder Briefe zu zeichnen. Feine Linien, die Ihnen helfen, Ihr Schriftbild im Format zu harmonisieren. Diese können nach der Fertigstellung eines Briefes rückstandslos entfernt werden (Achtung: nicht zu fest aufdrücken!)

Nicht vergessen möchte ich die Druckbleistifte, in denen die Minen nach Gebrauch sicher verschwinden und aufbewahrt werden können. Auch für sie gibt es spezielle Anspitzer.

Für Ihren normalen Bleistift muss es kein Spezialgerät und auch nicht die hochwertige Tischspitzmaschine für Hunderte von Euros sein – ja, Sie lesen richtig, da gibt es wahre Schmuckstücke. Aber ein guter Anspitzer mit Dose für den Gebrauch unterwegs lohnt sich immer. Achten Sie darauf, ob die Klingen mit der Zeit stumpf werden und das Holz nicht mehr glatt schneiden. Dann wird es Zeit, die Klinge oder den ganzen Spitzer zu tauschen.

Tintenroller, Kugelschreiber und Gelstift

Warum verhält es sich mit Kugelschreibern so wie mit Socken, Haarspangen und Feuerzeugen? Sie verschwinden immer. Egal, wie sehr man auf sie Acht gibt. Kehren Sie wohl irgendwann zu einem zurück?

Tintenroller und Gelschreiber ersetzen im Alltag immer häufiger den klassischen »Kugelschreiber«. Ihr Schriftbild ähnelt dem eines Füllfederhalters, aber sie sind oft günstiger und für viele Menschen auch einfacher zu handhaben. Beim Kugelschreiber wird die dickflüssige – oft ölbasierte – Tintenpaste mittels einer kleinen Kugel sozusagen auf das Papier gerollt, und das funktioniert beim

Schreiben mit dem Tintenroller oder »Rollerball« ganz ähnlich.

Der Unterschied besteht in der flüssigeren – meist wasserbasierten – Tintenart, mit der die Roller schreiben. Das Schriftbild ähnelt stärker dem eines mit Füllfederhalter geschriebenen Textes, was den Tintenroller für viele zum bevorzugten Begleiter im Alltag werden lässt. Inzwischen gibt es einige Modelle, die sich sogar komplett wegradieren lassen, oder solche, die ähnlich einer Feder auf Druck reagieren und dadurch die Strichstärke variieren können.

Gel-Tintenroller gehören zu den Schreibgeräten, die sich besonders gut für Linkshänder eignen. Das Gel trocknet schnell und sollte dann wischfest sein. Außerdem gibt es Gelstifte in vielen schönen und strahlenden Farben.

Bei all diesen Varianten sollte man auf eine gewisse Qualität achten. Zuerst die Haptik. Der Stift sollte über ein angenehmes Gewicht verfügen und nicht rutschig in der Hand liegen. Einige der hochwertigeren Produkte verfügen über eine gummierte oder ergonomisch eingekerbte Mulde, in die sich der Zeigefinger anschmiegen kann.

Machen Sie den Wischtest. Wie schnell trocknet die Tinte? Gleitet der Stift angenehm über das Papier oder stockt der Schreibfluss? Als letztes, aber sehr wichtiges Kriterium möchte ich auf die Möglichkeit des Nachfüllens und die Recycelbarkeit hinweisen. Achten Sie der Umwelt und Ihrem Geldbeutel zuliebe darauf, keine Einwegprodukte zu verwenden, wann immer es Ihnen möglich ist.

Füllfederhalter und Tinte

Ich gestehe, ich besitze mehrere Füllfederhalter. Geerbt, selbst erspart oder geschenkt bekommen. Ich liebe jeden einzelnen und jeder hat seine ganz eigene Geschichte. Ich hüte sie sorgsam und freue mich an ihren unterschiedlichen Schriftbildern. Fülle sie mit den schönsten Farben. Allesamt kleine Persönlichkeiten!

Er ist der Klassiker, der niemals unmodern wird. Ein schöner Füller begleitet uns oft ein Leben lang. Auch wenn wir ihn lange nicht benutzt haben, liegt er sicher in einer Schreibtischschublade aufbewahrt und wartet auf seinen Einsatz.

Wenn Sie auf der Suche nach einem neuen Füller sind, gilt: Ein guter Füller muss nicht teuer sein. Aber es sollte der Richtige für Ihre Schrift sein. Ob es sich um eine Feder aus Stahl oder – bei den preisintensiveren Modellen – um eine goldene handelt, ist für ein schönes und ausgewogenes Schriftbild nicht entscheidend.

Die erste Auswahl, die Sie treffen müssen, ist die der Federbreite. Probieren Sie Füller in den Feder-Varianten FEIN, MITTEL und BREIT aus. Was liegt Ihnen? Wo erscheint Ihnen Ihre Schrift möglichst gleichmäßig und flüssig? Kratzt die Feder oder gleitet Sie wie von selbst?

Manchmal hilft eine etwas breitere Feder, Ruhe in ein Schriftbild zu bringen. Die Schrift wird im besten Fall insgesamt etwas großzügiger und weiter. Wessen Schriftbild eher klein und gedrungen wirkt, der kann mit einer feinen Feder dafür sorgen, dass sie trotzdem nicht eng und gepresst aussieht, sondern eine gewisse Leichtigkeit ausstrahlt.

Oft ist die mittlere Federstärke die, die sich für einen Neueinstieg sehr gut eignet. Wenn Sie eine Federbreite gefunden haben, die Ihr Schriftbild optimal in Szene setzt, und Sie Freude am Schreiben gefunden haben, lohnt sich die Anschaffung eines qualitativ hochwertigen Füllers immer. Ohne protzig oder zu konservativ zu wirken steht ein elegantes Modell für echtes Understatement.

Mit der Zeit werden Sie Ihren Füller immer besser einschreiben und zu Ihrem ganz persönlichen Begleiter machen. Wer weiß, an welche besonderen Briefe oder Unterschriften mit genau diesem Füllfederhalter Sie sich später einmal erinnern?

Ob Sie sich eher für eine Variante mit Tintenpatronen oder mit einem Konverter zum Aufziehen der Tinte entscheiden, ist Geschmackssache. Inzwischen bieten viele Füllerhersteller auch die schönsten Tintenfarben in Patronenform an. Neben den Klassikern Blau, Schwarz und Rot finden Sie Tinten in allen schimmernden Edelsteinfarben, in lebendigen Grüntönen, tiefen Braun- und Graunuancen. Schimmer- und Glitzereffekte werden beim Trocknen sichtbar. Sogar spannende Duft-Tinten sind auf dem Markt. Wie wunderbar, wenn sich beim Öffnen eines Briefes ein zarter Duft entfaltet.

Sie können Tinten sogar recht einfach selbst herstellen. Zum Beispiel Eisengallustinte, die als extrem dokumentenecht gilt, oder auch eine angenehm warm wirkende

Wallnusstinte. Bei den Buchtipps hinten im Buch finden Sie einen entsprechenden Hinweis.

Ihr Schreibplatz

Auf dem Schreibtisch meines Vaters lag eine Schreibunterlage. Aus Leder. Mit vielen Gebrauchsspuren. An den Seiten waren Klappen, unter die man Notizen stecken konnte. Leider ist sie inzwischen nicht mehr auffindbar, denn wie gerne würde ich sie weiter nutzen.

Die früher sehr verbreiteten Schreibunterlagen hatten einen sehr praktischen Sinn. Aus Leder oder nachgebendem Kunststoff gefertigt, waren sie der »Puffer« zwischen dem harten Tisch und dem Blatt Papier. Sowohl für das Schriftbild als auch für die schreibende Hand ist es von Vorteil, wenn der Stift beim Schreiben auf das Papier auf einen nicht zu harten, leicht nachgebenden Untergrund stößt. Wir riskieren sonst, dass der Strich abbricht, die Linien abreißen. Es gibt Schreibunterlagen auch heute in den unterschiedlichen Ausführungen. Beliebt sind auch große Papierblöcke. Diese bieten Raum für Kreativität, Sie können sich kleine Notizen machen. Wenn das Blatt vollgeschrieben ist, wird es einfach abgerissen, und vor Ihnen liegt ein blütenweißer Neuanfang.

Ihre Schreibunterlage sollte unabhängig vom Material in jedem Fall groß genug sein, dass Ihr Arm beim Schreiben aufliegen kann. Hinzu kommt der gestalterische Aspekt. Das ist Ihr Platz zum Schreiben. Sie gestalten ihn nach Ihren Wünschen. Auch wenn Sie nicht über einen eigenen Schreibtisch oder gar ein eigenes Arbeitszimmer verfügen, markiert eine Schreibunterlage Ihr »Schreibrevier«. Die Schreibunterlage verleiht Ihnen auch an Ihrem Küchentisch Struktur. Sie setzen sich bewusst an diesen Platz und konzentrieren sich auf den Inhalt, den Sie zu Papier bringen möchten.

SCHRIFTSCHATZ-Tipps

Schreibpapier

- Claire Fontaine – zum Beispiel das »C« mit Wasserzeichen. Gerippt oder glatt. Ich bevorzuge die glatte Version.
- Römerturm – Precioso, 110 g/m2 ohne optische Aufheller, sehr edles, gedecktes Weiß.
- Rhodia – die DOT Pads eignen sich besonders gut zum Üben.
- Gmund – bietet wunderschöne Farben und spannende Oberflächen.
- Fabriano Medioevalis – schöne Sets von Büttenpapieren, die mich schon seit meiner Florentiner Zeit begleiten.
- Zerkall Büttenpapier mit Wasserzeichen 95 g/m² – ein Klassiker, nie aus der Mode.

Schreibgeräte:

Bleistifte: Ein gutes Preis-Leistungsverhältnis und eine breite Auswahl an Härtegraden bieten beispielsweise die Hersteller Faber-Castell und Staedler. Einer der wenigen, rund gefassten Qualitätsstifte ist der Graphite Pencil aus der Winsor & Newton Studio Collection. Die Luxusvariante: Palomino Blackwing 602 oder Pearl (etwas weichere Mine)

Anspitzer: Blackwing. Spitzt Holz und die Graphitmiene in zwei getrennten Vorgängen an. So erhalten Sie eine ultrafeine Spitze. Und die Klassiker der Firma DUX.

www.pens-and-freaks.com und **www.penexchange.de** für alle, die sich intensiv mit dem Thema Füller und Tinte auseinandersetzen möchten.

Auf der Seite **www.tintenprobe.de** können Sie Ihre Suchoptionen nach Farben gliedern und erhalten zu jedem Farbton eine große Auswahl an Herstellern.

Schreibunterlagen

Beim Kauf einer Schreibunterlage (ausgenommen eine aus einem Papierblock) würde ich den Besuch in einem Schreibwarenfachgeschäft unbedingt empfehlen. Da die Haptik eine große Rolle spielt, können Sie dort ausprobieren, wie sich die Oberfläche anfühlt, wie weich oder fest sie ist.

Was sind Sheen, Shading und Shimmering?

Sheen: Werden Tinten aus unterschiedlichen Pigmenten gemischt, kann es auf glatt gestrichenem Papier zum sogenannten »Sheen« kommen: Die getrocknete Tinte leuchtet und schillert in unterschiedlichen Nuancen. Bekannt für Tinten mit ausdrucksvollem »Sheen«-Effekt sind zum Beispiel die Hersteller Diamine und Rohrer & Klinger.

Shading: Wenn Ihre getrocknete Tinte im einzelnen Strich einen Wechsel von hellen und dunklen Tönen zeigt, spricht man von »Shading«. Den Effekt erzielt man beim Schreiben mit dem Füller vor allem mit einer etwas breiteren Feder, wenn, je nach Schriftfluss, unterschiedlich viel Tinte auf dem Papier steht.

Shimmering: Inzwischen bieten einige Hersteller auch Tinten mit Glitzerpartikeln an (beispielsweise 1670 Jubiläumstinten von Herbin oder Diamine Shimmer Tinte), die auch in Füllfederhaltern verwendet werden können, ohne diese zu verkleben. Schön ist es, zuzusehen, wie die Tinte beim Trocknen immer stärker zu schimmern beginnt.

Dufttinten: Zum Beispiel von ONLINE oder Mont Blanc.

Was bedeutet die Bezeichnung »dokumentenecht«?

Bestimmte Formulare müssen mit »dokumentenechter« Tinte ausgefüllt oder unterschrieben werden. Diese Bezeichnung darf eine Tinte tragen, wenn sie folgende Kriterien vorweisen kann:

- Nicht korrigierbar, zum Beispiel mit dem Tintenkiller
- Wasserfest – es muss selbst beim Kontakt mit Wasser eine Schreibspur sichtbar bleiben
- Wischbeständig – schnell trocknend
- Lichtecht – sie darf unter Lichteinstrahlung nicht zu schnell verblassen
- Resistent gegenüber bestimmter Chemikalien

(Siehe Anforderungen der ISO-Norm 12757-2 unter: https://www.beuth.de/de/norm/din-iso-12757-2/10645528)

Beispiele für entsprechende Tinten:

- Montblanc Permanent Black ISO 14145-2
- Graf von Faber-Castell Kobalt Blau ISO 12757-2
- Auch Eisengallustinte gilt als dokumentenecht. Hier prüfen Sie Ihr Produkt bitte vorher, ob es sich auch zum Einsatz in Füllfederhaltern eignet. Einige dieser Tinten können den Füller verkleben.

Sonntagsbriefe

Antoine de Saint-Exupéry
und Consuelo Carrillo

1930 lernt die Malerin und Bildhauerin Consuelo, Witwe des berühmten Autors Gómez Carrillo, bei einer Reise nach Buenos Aires den französischen Piloten Antoine de Saint-Exupéry kennen.

Sie ist jung und eine exotische Schönheit, und Saint-Exupéry verliebt sich augenblicklich in sie. Consuelo stammt aus El Salvador, sie wuchs dort auf den Kaffeepflanzungen ihres Vaters auf und spielte mit den Indios zwischen hohen Bananenstauden. Die Familie ist wohlhabend, und Consuelo lebt inzwischen in Paris, sie ist nur zu Besuch in Argentinien, auf Einladung der argentinischen Regierung.

Antoine lernt sie bei einem Freund kennen und überredet sie noch am selben Tag zu einem Rundflug. Consuelo ist noch nie geflogen. Als sie im Flugzeug in die Passagierkabine klettern will, besteht Saint-Exupéry darauf, dass sie neben ihm auf dem Sitz des Kopiloten Platz nimmt. Ihr gefallen seine Hände, die sie während des Fluges verstohlen betrachtet.

Scherzhaft verlangt er, sie müsse ihn küssen, sonst würde er das Flugzeug abstürzen lassen. Und dann fragt er sie, plötzlich ernst, ob sie bereit sei, seine Frau zu werden.

Consuelo wehrt ab, sie würde ihn doch erst wenige Stunden kennen.

Als sie am darauffolgenden Tag im Hotel mit einem Minister zu Abend isst, wird ihr ein Brief an den Tisch gebracht. Er ist von Saint-Exupéry, der für seine Luftpostfirma gerade eine Nacht und einen Tag im Flugzeug verbracht hat. Er erzählt ihr im Brief von den Stürmen und Notlandungen. Der Brief beginnt mit den Worten: »Madame … Liebste, wenn Sie es gestatten« und endet mit: »Ihr Verlobter, wenn Sie es wünschen«.

Aus diesem ersten Liebesbrief Saint-Exupérys an Consuelo wird später der Roman *Nachtflug* werden. Saint-Exupéry ist als Autor noch längst nicht bekannt, einzig *Südkurier* ist erschienen und nicht sonderlich erfolgreich bei den Lesern.

Consuelo ist unsicher, was sie tun soll. Sie nimmt den Liebesbrief mit in die Kirche und fragt den Pater um Rat. Der Pater liest den Brief laut vor. Auch er ist davon bezaubert. Wenn sie den Mann liebe, sagt er Consuelo, dann rate er ihr, ihn zu heiraten. Der Mann sei ehrlich, und er sei eine Naturgewalt.

Zwei Sorgen halten Consuelo zurück: Sie will ihr Leben nicht auf den Flughäfen dieser Welt verbringen, und sie weiß nicht, ob sie dem poetischen Liebesbrief trauen kann oder ob er nicht eher ein Essay über die Liebe ist, eine Erzählung, die Saint-Exupéry gar nicht wirklich an sie richtete.

Um sie zu überzeugen, schreibt der Pilot einen weiteren Brief – diesmal hundert Seiten lang. Und sie heiraten.

Es wird eine stürmische Ehe voller Leidenschaft, voller Verrat, Wortbrüchigkeit, Verlust. Saint-Exupéry will Consuelo nicht missen, aber er wird ihr mehrfach und über längere Zeiträume untreu.

Endlich kehrt er für immer zu ihr zurück, und sie finden in ein ruhigeres Fahrwasser. In einem Haus in Northport, Long Island, schreibt er die Erzählung *Der kleine Prinz* und verewigt darin Consuelo. Sie ist die Rose, die der kleine Prinz auf seinem Planeten zurückgelassen hat und an die er voller Reue denkt.

Saint-Exupéry liebt es, seine Briefe mit kleinen Porträts und spontanen Skizzen auszuschmücken. Manche von ihnen sehen bereits dem kleinen Prinzen ähnlich, den wir aus der klassischen Ausgabe der Erzählung kennen. Was müssen Briefe ihm bedeutet haben – war er doch selbst mit seinem Luftpostflugzeug daran beteiligt, die Post über Meere und Wüsten hinweg zu transportieren.

Der Krieg aber lässt Saint-Exupéry keine Ruhe. Obwohl er die Altersgrenze für militärische Piloten längst überschritten hat, fühlt er sich verpflichtet, für seinen jüdischen Freund Leon Werth und für die Freiheit Frankreichs zu kämpfen. Er verabschiedet sich von Consuelo und kehrt nach Europa zurück, um Aufklärungsflüge zu fliegen, bis zu seinem Tod im Juli 1944.

Während er an der Front ist, schreibt Consuelo zwei Arten von Briefen an ihren »geliebten Mann«: Sie schreibt Briefe, die sie Soldaten oder Mitgliedern des New Yorker Generalstabs nach Europa mitgibt, Briefe für den regelmäßigen Austausch mit Saint-Exupéry – wobei sie diese Briefe mitunter auch wieder zerreißt, sobald sie im Umschlag stecken, »weil sie nicht alles sagen können, was ich dir geben will«[59]. Und sie schreibt jeden Sonntag nach der Messe einen Brief an ihn, den sie für seine Rückkehr aufbewahrt. Er soll diese »Sonntagsbriefe« dann lesen wie ein Tagebuch ihrer Liebe. Sie schreibt sie auch noch, Sonntag für Sonntag, als er längst als verschollen gilt.

Manche davon tippt sie auf Saint-Exupérys Schreibmaschine. Andere schreibt sie mit der Hand auf Kriegspapier, das so dünn und transparent ist, dass das Licht hindurchfällt. Sie erzählt ihm Anekdoten aus ihrer Kindheit, teilt ihm ihre Sorgen um ihn mit, macht sich Gedanken über den Krieg, über Gott, über das Leben.

Die Briefe helfen ihr, das Warten durchzustehen. Sie halten die Zeit fest, die für sie als Paar verloren ist. Und sie sind, weil Consuelo auch schon in den frühen Briefen ahnt, dass ihr Mann womöglich nicht mehr heimkehren wird, ein Ausdruck ihrer Trauer.

> *»Ich habe immer einen Brief an Dich auf meinem Tisch liegen, den ich nie beende, niemals abschicke und der nur bedeutet, dass Du bei mir bist, ganz in meiner Nähe.«*[60]

> *»Ich mag Bulldoggen nicht, ihr Maul ist zu groß. Wenn Anibal glücklich ist, sabbert er übermäßig. Das macht Flecken auf meine Kleider und den Teppich. Du vergisst, mein Tonio, dass wir Beekman Place nur gemietet haben und dem Besitzer schon so viel Geld für die Gegenstände schulden, die der Hund zerbrochen hat, dass wir uns damit ruinieren werden. Und trotzdem mag ich den Hund nicht weggeben. Er ist ein Stück von Dir, ein schwieriger Teil, der beim Anschauen wächst und den Du, mein Lieber, schlecht erzogen hast. Ich will nicht mit Dir schimpfen, aber denk einmal darüber nach, mein Gatte, dass ich gezwungen bin, jeden Abend, wie Du ihm das angewöhnt hast, Seifenblasen für ihn zu pusten, bevor ich schlafen gehe, bevor ich mein Gebet spreche und bevor*

ich die Gartenstühle hereinhole, die im Übrigen sehr schwer sind, wie ich Dir schon sagte, als wir sie gekauft haben …«[61]

Dann wieder liebt sie den Hund, weil er ein Teil ihrer gemeinsamen Zeit mit Saint-Exupéry ist.

»Und was für Freudensprünge er für Dich machen wird! Das wird ein einzigartiger Anblick […]. Auf der Straße bleiben die Leute stehen, um mich nach seinem Alter, seinem Namen zu fragen, und ich setze eine bescheidene Miene auf und sage alle Vorzüge seines Stammbaums her.«[62]

»Dein Lärm fehlt mir, Deine unordentlichen Papiere, die sich auf den Tischen und sogar auf unserem Bett zu Bergen türmen. Ich habe niemanden, mit dem ich schimpfen kann, ich habe niemanden, dem ich gute kleine Mahlzeiten zu essen geben kann, die nach Frankreich schmecken, ohne Dich sind mir die Speisen unverdaulich.«[63]

Anfangs antwortet Saint-Exupéry ihr noch, er schreibt ihr hingebungsvolle Briefe. Dann gilt er als verschollen, wird schließlich offiziell für tot erklärt. Und doch schreibt Consuelo weiter ihre Sonntagsbriefe an ihn:

»Ohne Dich sterbe ich langsam, und ich frage mich, warum ich nicht mit einem kleinen Schubs nachhelfe … Aber

meine Ersatzflügel sind noch nicht bereit … Im Traum […] gehe [ich] Hand in Hand mit Dir spazieren, auf der Suche nach Gott.«[64]

„Sind Sie vielleicht bey Cassa …"

Heikle Briefinhalte

Gibt es nur Liebesbriefe oder Briefe zwischen Freunden? O nein. Da wäre zum Beispiel der Bettelbrief an einen Vorgesetzten oder an wohlhabende Verwandte.

Heinrich Heine schreibt an seinen Verleger Julius Campe von »gequältesten Geldnöthen«:

»Man giebt bey allen Mißgeschicken lieber den anderen als sich selber die Schuld, und so, wenn meine Geldnoth am quälendsten wird, pflege ich Julius Campe sehr stark anzuklagen. Ich bin in diesem Augenblick, durch eine Reihe von unbegreiflichsten Ereignissen, in eine Schuldenlast von 20.000 Franks gerathen, und so wahr mir Gott helfe! ich werde sie in sehr kurzer Frist tilgen. Wäre, statt Julius Campe, ein Cotta mein Buchhändler, so wüßte ich dieses durch meine Feder in kurzem zu bewerkstelligen. Aber Sie, Campe, haben durch Ihre Knickereyen mich mehr vom Schreiben abgehalten als angeregt, und glaubten Wunder was erreicht zu haben, wenn Sie mich dahin brachten, mit Honoraren vorlieb zu nehmen, wie sie jetzt denjenigen kaum geboten werden, die in mir ihren Meister sehen und nicht den zehnten Theil meiner Popularität genießen. […]

Leben Sie wohl und schreiben Sie mir umgehend Antwort. Sind Sie vielleicht bey Cassa, so warten Sie nicht, bis ich auf Sie trassire, sondern schicken mir mahl Geld aus freyer

Faust; denn in diesem Augenblick bin ich von Morgen bis Abend in beständiger Geldsorge [...] Leben Sie wohl und bleiben Sie mir freundschaftlich gewogen. Ich bitte den lieben Gott inständigst, Ihnen langes Leben, Gesundheit, Generosität und Reichthum zu schenken, auch bitte ich ihn Ihren Muth zu renoviren, nicht den persönlichen, woran ich nie zu zweifeln hatte, sondern den buchhändlerischen. Welch ein kühner Jüngling waren Sie einst [...]

Ihr Freund
H. Heine«[65]

Eine Frechheit, Campe mit dem Konkurrenten Cotta zu vergleichen (noch heute gibt es die Verlage Klett-Cotta und Hoffmann & Campe). Ein andermal schreibt Heine seinem Verleger:

»Betteln ist eine sehr unangenehme Sache, betteln aber und nichts bekommen ist noch unangenehmer [...]. Es ist schon theuer genug, in Paris zu leben; aber in Paris sterben ist noch unendlich theurer.«[66]

Andererseits sind Heines Bettelbriefe selbst in ihrem dreisten Drängen noch höflicher als mancher Mailwechsel heute. Eine Autorenkollegin berichtete kürzlich, sie habe einer Buchhandlung per Mail eine Lesung vorgeschlagen, und freundlich gefragt, ob daran Interesse bestehe, und als Antwort kam: »Nein.« Sie empörte sich mir gegenüber: »Keine Anrede, kein Unterzeichner, wo ist die Höflichkeit geblieben?«

Ich fragte nach: »Wirklich nur ein Wort?«

»Nur ein Wort.«

Ich kann verstehen, dass sie sich da nicht wertgeschätzt fühlte. Das heißt nicht, dass ich zurück will zum Höflichkeitsknicks, zum Zylinder-Lüpfen und zu »Hochachtungsvoll verbleibe ich, Ihr ergebener« am Briefende. Aber Ritterlichkeit und Freude an schöner Form sind nichts Verwerfliches.

Wer einen Dankesbrief schreibt oder wer mit einem Lächeln danke sagt, verspürt durch den gewonnenen Blickwinkel auch selbst eine Fröhlichkeit und Weltverbundenheit, die er sonst nicht kennen würde.

Wie wunderbar ist ein Kompliment, das im anderen das Schöne entdeckt und es bewundert! Wie viel mehr ist es wert als ein bloßes »Like« in den Sozialen Medien, das sich durch Quantität bemisst, aber zerstreut von Unkonzentrierten hingeklickt wurde, im Gegensatz zu einem Kompliment, das in der Gegenwart des anderen ausgesprochen oder in seiner Abwesenheit in einem Brief zum Ausdruck gebracht wird. Ein Kompliment heißt nicht nur, galant zu sein, sondern zu feiern, was mir am anderen gefällt.

Gerade im Zeitalter der schier unerschöpflichen Geschwätzigkeit im Netz ist die stilvolle Kommunikation wohltuend.

Einmal fragte ich brieflich den mit vielen Preisen ausgezeichneten Autor Reiner Kunze, ob ich ihn interviewen dürfte. Sein Antwortbrief machte Alternativvorschläge und erklärte auf eine behutsame, höfliche Art, er sei der Vielzahl von Wünschen und Anforderungen nicht gewachsen und sei genötigt, ständig Menschen zu enttäuschen und um Entschuldigung zu bitten. So freundlich wurde mir noch nie »Nein« gesagt.

Ich stellte mir sein Wohnzimmer vor, mit großem Schreibtisch und voller Bücherregale, und wie er sich mit ernstem Gesicht niedergesetzt hatte, um mir zu schreiben, und musste lächeln. Die Absage schmerzte mich nicht, im Gegenteil, ich fühlte mich gewürdigt durch seine Bereitschaft, einen derart höflichen Brief an mich zu verfassen.

Natürlich, auch ein Brief kann einen ärgern. Meist hilft es, sich zu fragen: Wird das Ärgernis in einem Jahr noch Relevanz haben? Höchstwahrscheinlich nicht. Aus dem Alltagswirbel aufzutauchen rückt die Dinge an ihren Platz.

Es tut gut, in weiten Zeiträumen zu denken. Und es ist hilfreich, dass Briefe nicht mit einem Mausklick verschickt werden können. Ich habe so manchen Brief nie abgeschickt. Das Schreiben allein hat schon geholfen, und nach einer Abkühlphase über Nacht (ganz gleich, ob es um Ärger ging oder um Liebe), war die emotionale Aufbrausung abgeebbt.

Nur bei Lena war es anders. Ich bekam sie einfach nicht aus dem Kopf. Da half nur eines: Ich habe sie geheiratet.

Briefe verhindern Unüberlegtes

Diese Unterscheidung zwischen Dingen, die mich bloß kurzzeitig aufregen, und solchen, die auch morgen oder übermorgen noch Bestand haben, geht uns mit WhatsApp verloren. Eine Mutter von vier Söhnen berichtete mir, dass die Schule versuche, eine Klassen-WhatsApp-Gruppe zu verhindern, weil die Kinder zu oft Unbedachtes hineinschrieben, das dann dauerhafte Verletzungen hervorrufe. Geschrieben–geschickt–empfangen, das geschieht innerhalb von Sekunden. Die Reue ist mitunter langlebig. Der Schmerz beim Betroffenen ist es in jedem Fall.

Der Brief erzieht mich. Er fordert langfristigeres Denken. Was wird mein Gegenüber auch noch in einigen Tagen interessieren, wenn der Brief bei ihm ankommt? »Meine Katze sieht gerade lustig aus, LOL« ist es wahrscheinlich nicht.

S. erzählt, sie habe lange überlegt, was sie ihrem Vater zum 85. Geburtstag schenken solle. Dann habe sie ihm, quasi als Geschenk, einen langen Brief geschrieben. »Das war die Generation, die nicht über ihre Gefühle gesprochen hat«, sagte sie.

B. wirft ein: »Oder erst auf dem Sterbebett.«

S. nickt. »Ich wollte ihm aber zu Lebzeiten sagen, was ich für ihn empfinde, und meine Gedanken mit ihm teilen.«

Ich bin sicher, der Brief war ihm wertvoller als jedes andere mögliche Geschenk.

Wir Deutschen haben, was Briefe betrifft, einen besseren Ruf, als wir meinen. Die in den Niederlanden geborene Schriftstellerin Hermien Stellmacher erzählte anlässlich einer Lesung in München, dass ihre Mutter früher zu ihr sagte: »Ich hoffe, dass du mal einen deutschen Freund bekommst, damit du deutsche Liebesbriefe erhältst. Das Holländische ist so nüchtern. Aber das Deutsche!«

Ich fragte verblüfft nach. Tatsächlich empfindet Hermien das Deutsche als blumigere Sprache. Und sie lächelte auf meine Rückfrage hin: Es habe geklappt, sie habe einen Deutschen geheiratet… und ganz wunderbare Liebesbriefe erhalten.

So individuell wie Ihr Finger-abdruck – das Schriftbild

Ihr »A« ist Ihr »A«. Niemand auf der ganzen Welt schreibt es genau wie Sie. Ist das nicht erstaunlich?

Unsere Schrift unterstreicht, wie einzigartig jeder Mensch ist. Sie ist lebendig, wächst mit uns und verändert sich im Laufe unseres Lebens. Unsere Art zu schreiben wird nicht nur reifer. Sie variiert auch in verschiedenen Lebensphasen. Suchen Sie einmal in alten Dokumenten, Karten und Briefen nach der Entwicklung Ihrer Schrift. Das wird eine spannende Reise in Ihre Vergangenheit.

Wie wirkte Ihr Schriftbild als Schüler, als Student, wie in einem Liebesbrief? Waren Sie noch auf der Suche nach sich selbst und nach dem Menschen, der aus Ihnen werden sollte? Was hat sich verändert in sehr glücklichen oder auch anstrengenden und fordernden Jahren? Ohne tief in graphologische Betrachtungen einzusteigen, werden Sie bestimmte Phasen Ihres Lebens und Merkmale Ihres Charakters in Ihrer Schrift wiederfinden.

Ein Schriftbild besteht aus vielen Komponenten, die den ersten Eindruck widerspiegeln. Bevor Sie mit dem Briefeschreiben beginnen, werfen Sie einen frischen, wertfreien

Blick auf Ihre Schrift. Wie dick oder dünn, wie groß oder klein schreibe ich? Ist meine Schrift unruhig oder gleichmäßig, eng, weit, zackig oder rund? Wie ordne ich meine Wörter und Sätze in einem Format? Sich nur einige wenige Merkmale einmal genauer anzusehen lohnt sich, um bei Bedarf etwas zu verbessern.

Analyse kleiner Schwächen und Kultivierung besonderer Schriftmerkmale

Mit sechs Jahren habe ich ein eigenes Märchenbuch gestaltet. Eigentlich bestand es nur aus gemalten Bildern – hauptsächlich von Prinzessinnen – und ein paar einzelnen Wörtern. Ich hatte im Kindergarten bereits die ersten Buchstaben gelernt und war sehr stolz, meine Märchen jetzt auch betiteln zu können. Mit meiner eigenen Schrift.

Das Erste, was ich von fast jedem Workshop-Teilnehmer höre, ist, wie schrecklich seine Handschrift sei. Meine Bitte lautet dann: »Werfen Sie einen milden und freundlichen Blick auf Ihre Schrift. Sie gehört zu Ihnen und begleitet Sie bereits so lange. Und in wie vielen Situationen hat sie Ihnen schon geholfen, sich auszudrücken und etwas mitzuteilen?«

In den meisten Fällen setzt dann Entspannung ein und die Erkenntnis, dass es nicht um »gut« oder »schlecht« geht, sondern um eine möglichst angenehme Lesbarkeit. Friedrich Dürrenmatt wird der Satz zugeschrieben:

»Leserlichkeit ist die Höflichkeit der Handschrift.« Wer oft Schularbeiten oder Klausuren zu korrigieren hat weiß, was damit gemeint ist. Dennoch muss nicht jede Schrift gleich aussehen, um gut lesbar zu sein.

Schrift ist heute nicht mehr in Stein gemeißelt wie früher, als man in der Schule streng benotet »Schönschreiben« üben musste. Sie ist lebendig. Sie macht Spaß. Und mit etwas Übung können Sie sie formen und nach Ihren Wünschen optimieren.

Das ist kein schneller Weg. Aber den muss man ja auch nicht immer wählen. Hier gibt es keine Zielvorgabe oder Deadline. Es geht um die Schulung Ihres Auges, damit Sie erkennen, was genau Sie an Ihrem Schriftbild stört und wie Sie es optimieren können.

Wichtig ist die bewusste Ausführung von Bewegungsabläufen. Und die stete Wiederholung. Routine stellt sich dann von selbst ein. Legen Sie los. Sie haben es buchstäblich in der Hand!

Handschriften berühmter Menschen

Als einziger Politiker unterzeichnete Benjamin Franklin alle vier Gründungsdokumente der Vereinigten Staaten von Amerika. Und zwar mit seiner wunderbar geschwungenen, verzierten und feierlich anmutenden Unterschrift.[67]

Wussten Sie, dass Steve Jobs die Kunst Kalligrafie liebte und beherrschte? Er hatte als junger Mann sein Studium am Reed College abgebrochen und besuchte nur noch Kurse, die ihm Spaß machten. So auch einen Kalligrafie-Kurs. Die kreative Gestaltung von und mit Schrift inspirierte ihn später, den Apple MAC mit einer vorher nie gekannten Fülle an Schriftfonts auszustatten.[68]

Zu wem diese Unterschrift wohl gehört? Haben Sie eine Idee? Aus dem recht zackigen und dynamischen Auf und Ab der Linien ergibt sich die Signatur des früheren Bundeskanzlers Helmut Schmidt. Laut der Graphologin Dr. Christa Hagenmeyer gibt seine Handschrift den Blick frei auf eine Führungspersönlichkeit hohen Bewusstseinsniveaus, der Einheitlichkeit, Reife und große Lebendigkeit zu eigen sind.[69]

Einige Tipps zur Selbstkontrolle

- Halte ich die Schriftlinie oder wandert meine Basislinie auf und ab? Hier hilft es, ein Rasterblatt unterzulegen (siehe Rastererstellung, Seite 130 f.) oder mit einem spitzen H3-Bleistift ganz feine Linien vorzuzeichnen, die Sie später ausradieren können.

- Zeigen meine Ober- und Unterlängen unruhig in verschiedene Richtungen? Auch hier empfiehlt sich Nutzung eines Rasterblattes. Es hilft, die Unter- und Oberlängen in der gleichen Neigung zu schreiben und so Ruhe in das Schriftbild zu bringen.

- Forme ich meine Buchstaben konsequent zu Ende? Sind alle ovalen Formen geschlossen? Schließen Sie jeden Buchstaben konsequent. Je ausgeprägter jeder Buchstabe ausgeschrieben wird, umso einfacher wird er vom Auge erfasst und gelesen.

- Forme ich meine Buchstaben aus oder schreibe ich in Girlanden oder Fäden? Sind beispielsweise die Buchstaben »m« und »n« oft nur noch als Fäden am Ende oder in der Mitte Ihrer Worte erkennbar? Dann verlangsamen Sie Ihre Schreibgeschwindigkeit und versuchen Sie, die Buchstaben sorgfältiger auszuformen. Ein »n«, das mit einem Bogen geschrieben wird, ist deutlicher lesbarer, als wenn es in der sogenannten »Girlanden-Schreibweise«

eher einem »u« ähnelt. Üben Sie die sorgfältigere Ausformung der Bögen anhand des Wortes »minimum«.

- Wie eng oder weit ist ist der Abstand zwischen meinen Buchstaben und zwischen den Worten? Einen harmonischen Abstand zwischen den einzelnen Buchstaben Ihrer Schrift erreichen Sie automatisch, wenn sie verbunden schreiben und den Strich, mit dem Sie einen Buchstaben mit dem nächsten verbinden wollen, bewusst ausführen. Zwischen einzelnen Worten sollte der Abstand optimalerweise so groß sein wie ein »O« in Ihrer eigenen Schriftgröße.

- Welche Schwünge oder Buchstabenverbindungen gefallen mir ganz besonders und wie könnte ich sie noch stärker betonen? Suchen Sie nach Merkmalen Ihrer Schrift, die Ihnen besonders gut gefallen. Versuchen Sie, diese an mehreren Stellen bewusst einzusetzen.Variieren Sie beispielsweise Buchstabenverbindungen. Lassen Sie Ober- und Unterlängen besonders prägnant auslaufen. Spielen Sie mit den Elementen und testen Sie aus, was sich in Ihr Schriftbild übernehmen lässt.

Erstellung Ihres individuellen Schrift-Rasters

Meine Handschrift ist recht gerade. Sie wäre auch ganz ausgewogen, wenn mir nur das »h« nicht ständig einen Strich durch die Rechnung machen würde. Es hat, anders als alle meine anderen Buchstaben, einen starken Linksdrall. Ich übe und übe, aber wenn ich nicht mehr daran denke, dann schleicht es sich wieder in meine Worte und ruiniert mir eine ganze Zeile. Sehr widerspenstig.

Vielen Briefpapier-Sets oder Schreibblöcken liegt ein Blatt mit Linien bei. Es soll, unter das zu beschriftende Papier gelegt, helfen, ein gerades Schriftbild zu erzeugen. Das ist ein guter Anfang, um die Schriftlinie in einer Zeile zu halten. Aber dieses Normblatt wird nicht für jede Schriftgröße den richtigen Abstand haben. Um Ihr ganz individuelles Schriftbild möglichst harmonisch und gleichmäßig wirken zu lassen, ist es hilfreich sich ein ganz eigenes Raster für Ihre persönliche Handschrift anzulegen.

Beginnen Sie, indem Sie einen kleinen Text ganz frei auf ein weißes, unliniertes Blatt schreiben. Drei oder vier Zeilen mit jeweils zehn Worten sind völlig ausreichend. Nun legen Sie ein Blatt Transparentpapier (einfaches Butterbrotpapier funktioniert ebenfalls) über Ihren Text, nehmen ein Lineal oder Geodreieck zur Hand und unterstreichen die Grundlinie der Mittelzone Ihrer Buchstaben. Dies gibt Ihnen Auskunft über Ihren natürlich gewählten Zeilenabstand.

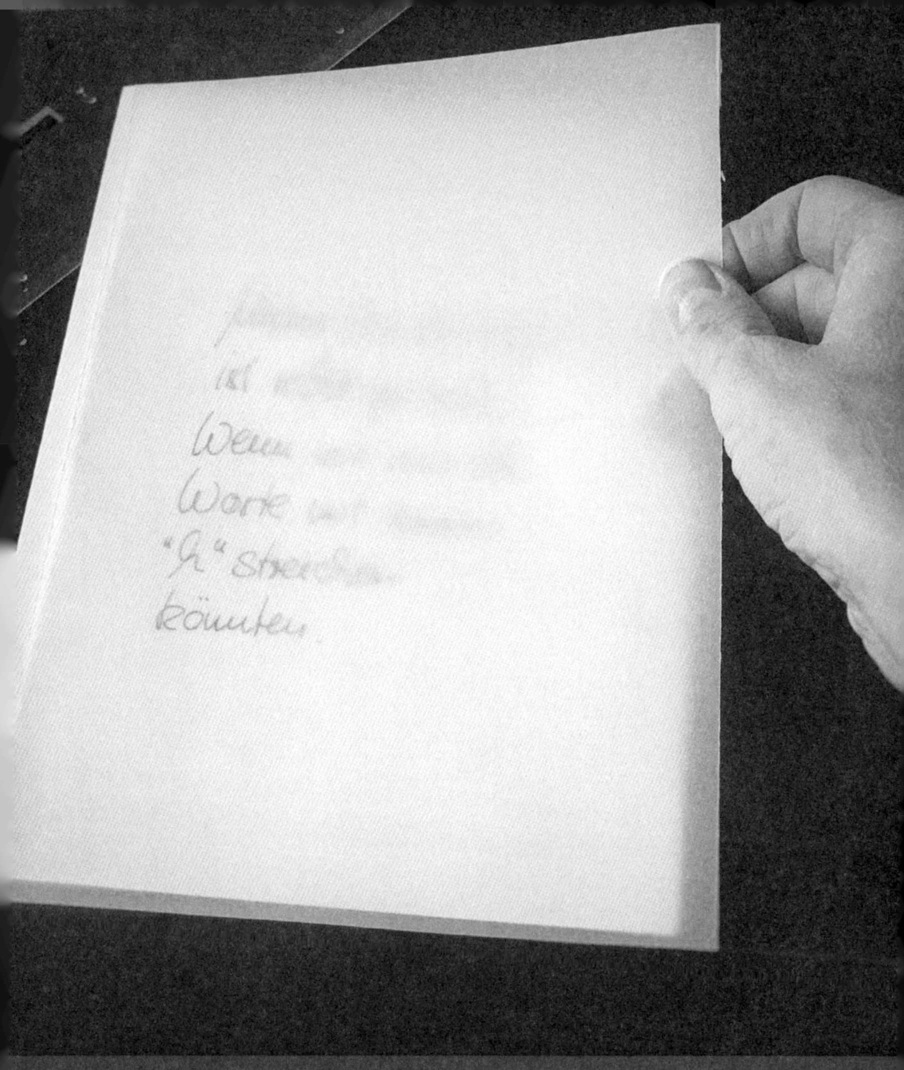

Als Nächstes schauen Sie sich die Ober- und Unterlängen Ihrer Buchstaben an. Sind sie steil und gerade? Oder eher nach rechts oder links geneigt? Legen Sie nun Ihr Geodreieck senkrecht über diese Längen und ziehen Sie sie nach.

Wenn Sie nun das Transparentblatt von Ihrem Text nehmen, haben Sie bereits einen Eindruck Ihres Schriftbildes. Es mag sein, dass vielleicht die ein oder andere der vertikalen Linien nicht ganz in die gleiche Richtung zeigt, aber Sie erkennen eine Tendenz.

Nun legen Sie ein weiteres Blatt Transparent- oder Butterbrotpapier über dieses Blatt und erkennen, welche Neigung die meisten Ober- und Unterlängen aufzeigen. Mit dieser Neigung vereinheitlichen Sie Ihr Raster.

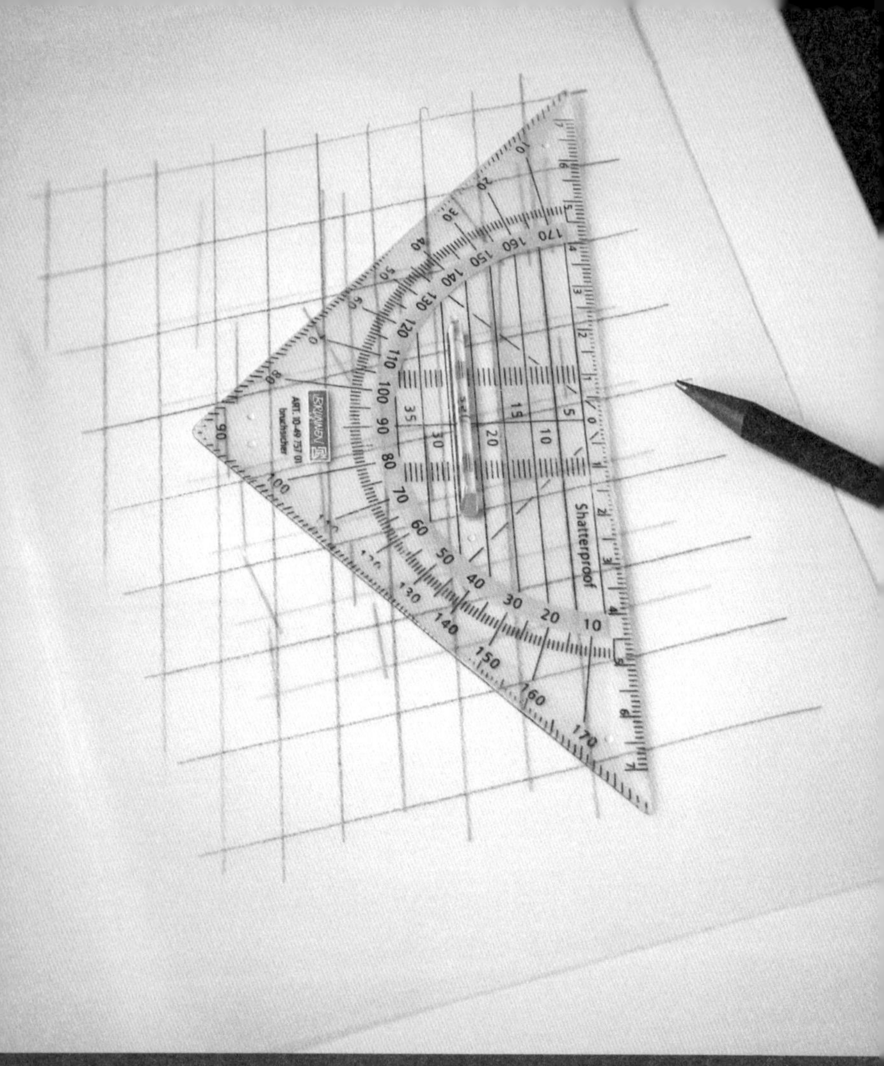

Wenn Sie dieses Schema mit den gleichen Linienabständen und Winkeln auf ein ganzes Blatt übertragen, haben Sie Ihr ganz persönliches Schreibraster erstellt. Es hilft Ihnen dabei, zukünftig den einen oder anderen Buchstaben, der aus der Reihe tanzt und Ihr Schriftbild stört, anhand des Rasters im richtigen Winkel zu schreiben.

Dieses Blatt legen Sie fortan unter Ihr Briefpapier – falls nötig, mit einem Lichtpad erhellt, siehe Tipps – und schreiben los. Gleichmäßig, ausgewogen und in Ihrem ganz eigenen Duktus.

Meine Handschrift
ist recht gerade.
Wenn wir nur alle
Worte mit einem "h"
streichen könnten.

Beispiel: Optimierung eines Schriftbilds

Optimierung 1

Ohne Raster und Komposition:

- Ein insgesamt unruhiges Gesamtbild.
- Die Zeilen sind inhaltlich nicht gegliedert und laufen unruhig.
- Die Grundlinie wird nicht gehalten.
- Die »Körper« der Buchstaben, die Teile, die sich zwischen der Grundlinie und der Mittelhöhe befinden, sind unterschiedlich breit und variieren in der Höhe.
- Einige Buchstaben sind nicht richtig geschlossen und schwer lesbar.
- Ober- und Unterlängen der Buchstaben zeigen in verschiedene Richtungen.
- Die Abstände zwischen den Buchstaben und zwischen den Wörtern sind unterschiedlich

Optimierung 2

Mit untergelegtem Raster und Komposition:

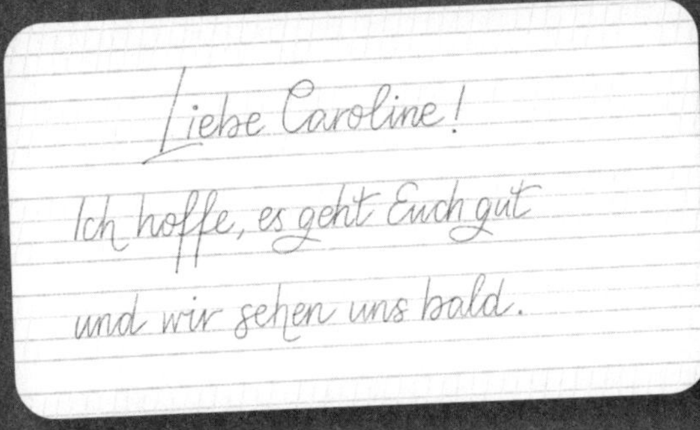

- Der gleiche Schriftstil wirkt wesentlich ruhiger und aufgeräumter.
- Die Wörter passen inhaltlich perfekt zum Zeilenumbruch.
- Alle Wörter halten die Grundlinie und sind in Höhe und Breite angepasst.
- Die Körper der Buchstaben sind perfekt zwischen Grundlinie und Mittelhöhe platziert.
- Die vertikalen Linien zeigen im gleichen Winkel in eine Richtung, die Buchstaben schwingen nicht mehr hin und her.
- Zwischen die Wörter würde jeweils ein »O« passen, was den Wortabstand vereinheitlicht.
- persönliche Eigenarten wie die größeren Initiale in der Anrede, die eher liegenden Schlaufen der Unterlängen des »g« und einige Abschwünge des »h« wurden betont.

Einschreibeübungen

Spätestens, wenn ich den Stift von meiner linken in die rechte Hand nehme, bin ich komplett dabei. Dann kann ich mich nur noch auf das Schreiben konzentrieren. Alles andere ist ausgeblendet. Das ist der Moment, indem mein bewusstes Schreiben beginnt.

Verbindung aufnehmen. Sich locker machen. Warmschreiben. Ein Musiker spielt sich ein, bevor er ein Konzert gibt. Als Sportler ist es immer ratsam, die Muskeln zu lockern, bevor man Höchstleistung abruft. Ebenso verhält es sich mit Ihrer Handschrift. Ein Kaltstart ist keine gute Idee, wenn Sie eine besonders schöne Karte oder einen Brief schreiben möchten. Hand und Gehirn müssen Verbindung miteinander aufnehmen. Sich fokussieren auf das, was Sie zu Papier bringen möchten, und darauf, wie das geschehen soll.

Wenn wir einmal gelernt haben, Buchstaben zu formen und auf dem Papier zu Wörtern und ganzen Sätzen zusammenzufügen, geschieht dies in Folge automatisch. Wir müssen nicht mehr überlegen, wie ein A oder ein B geschrieben wird. Unser Gehirn hat die Information abgespeichert, und die Muskeln und Nerven von Hand und Fingern führen die Bewegungen aus. Wir schreiben einfach los.

Eine Höchstleistung, wenn wir bedenken, dass Buchstaben aus dem ständigen Wechsel von Linien im und gegen den Uhrzeigersinn entstehen. Mein Respekt vor jedem Kind, das seine ersten Wörter schreibt, ist daher enorm.

So kann Ihre kleine Einschreibe-Routine zukünftig aussehen:

Sie benötigen einen weichen Bleistift und ein Blatt Papier. Das Blatt legen Sie quer vor sich. Wenn möglich, auf eine nachgebende Schreibunterlage. Notfalls eine zusammengelegte Zeitung oder eine Zeitschrift. Setzen Sie sich aufrecht an einen Tisch und legen Sie den Unterarm der Hand, mit der Sie schreiben, entspannt auf dem Tisch ab.

Beginnen Sie nun einfache Wellenlinien von links nach rechts auf Ihrem Papier zu ziehen. Darunter setzen Sie eine Linie mit nach oben laufenden Schlaufen, ebenfalls locker von links nach rechts gezogen. Es folgt eine Linie mit nach unten gezogenen Schlaufen.

Als Nächstes kringeln sie möglichst runde Kreise eng über- und nebeneinander. Nun setzen Sie Ihren Stift auf dem Papier ab und ziehen mit Schwung spontane Linien von links unten nach rechts oben. In der nächsten Reihe wiederholen Sie diese Schwungübung von links oben nach rechts unten.

Nun suchen Sie sich ein schönes, für Sie positiv besetztes Wort – es kann alles sein, nur nicht der eigene Name – und schreiben es, ohne abzusetzen verbunden hintereinander über die gesamte Blattbreite.

Wiederholen Sie dies, indem Sie Ihre Buchstaben nun mit einer ganz starken Rechtsneigung schreiben. In der nächsten Zeile zwingen Sie Ihre Hand in eine starke Neigung nach links.

Es geht nicht um Schnelligkeit oder schönes Aussehen. Konzentrieren Sie sich nur auf die möglichst genaue Umsetzung.

Nun schreiben Sie Ihr immer wieder verbundenes Wort einmal mit der anderen Hand. Mit Links, falls Sie Rechtshänder sind, oder umgekehrt. Und als letzte Übung schreiben Sie Ihr Lieblingswort verbunden, wieder mit Ihrer

»richtigen« Schreibhand, aber dafür mit geschlossenen Augen über die Blattbreite.

Jetzt sind Sie bereit loszulegen. Beide Gehirnhälften wurden aktiviert, Kopf und Hand sind startklar, und Sie sind fokussiert auf das, was nun kommt.

SCHRIFTSCHATZ-Tipps

LED-Light-Pads in DIN A4-Größe sind praktische Helfer, um Ihre Entwürfe für Karten und Briefe perfekt durchzuzeichnen. Im Internet können Sie aus einer Vielzahl von Modellen von sehr günstig bis hin zu Profi-Leuchtkästen wählen.

Lebenswichtige Briefe

Ein Brief kann einen zum Heulen bringen, wenn er eine Liebesbeziehung beendet. Mit welcher Wucht kann ein solcher Brief in unser Leben einfahren! Er kann beleidigen, beschimpfen, er kann eine hohe Rechnung enthalten oder einen Bescheid, dass man geblitzt wurde. Die Worte eines weit entfernten Menschen können uns in einen Glückstaumel versetzen, sie können uns tiefe Melancholie einpflanzen, uns wochenlang rätseln lassen, sie können uns heilen und uns verletzen und uns nachhaltig verändern. Niemand sage, ein Brief wäre eine Lappalie, eine Nebensächlichkeit.

Ein Brief hat die Macht, uns wehzutun. Aber er hat auch die Macht, zwei Menschen miteinander zu versöhnen. Er kann schockieren, kann eine Untat zu erklären versuchen. Er kann jemandem den Lebensmut erhalten. Nicht umsonst haben in den Weltkriegen die Armeen mit großem Aufwand dafür gesorgt, dass durch die Feldpost selbst die Soldaten im Schützengraben Briefe von zu Hause empfangen konnten. Sie steckten wochenlang in denselben Kleidern und gingen von der Waffe und den Toten zum Essen und von dort zurück an die Waffe, sie froren und litten, und rechts und links von ihnen starben die Kameraden, aber Briefe mussten sein. In dieser Extremsituation entfalteten sie oft eine besondere Intensität und geradezu lebenswichtige Wirkung.

Dietrich Bonhoeffer schrieb zu Weihnachten 1942 an die jungen Pfarrer, die er für die Bekennende Kirche ausgebildet hatte und die nun an der Front verheizt wurden und von denen viele an dem Versuch verzweifelten, auch als Soldaten Pfarrer zu sein:

> *»Manche von uns leiden stark darunter, dass sie gegen so viel Leiden, wie es diese Kriegsjahre mit sich bringen, innerlich abstumpfen.*
>
> *Neulich sagte einer zu mir: Ich bete täglich darum, dass ich nicht stumpf werde. Das ist gewiss ein gutes Gebet. Und doch, wir müssen uns davor hüten, uns selbst mit Christus zu verwechseln. Christus erlitt alles Leiden und alle Schuld der Menschen selbst in vollem Maße, ja, darin war er Christus, dass er und er allein das ertrug. Aber Christus konnte mitleiden, weil er zugleich aus allem Leiden erlösen konnte. Aus der Liebe und der Kraft, die Menschen zu erlösen, kam ihm die Kraft mitzuleiden.*
>
> *Wir sind nicht berufen, uns die Leiden der ganzen Welt aufzubürden, wir können im Grunde von uns aus gar nicht mitleiden, weil wir nicht erlösen können. Ein Mitleidenwollen aus eigner Kraft aber muss zu Boden drücken, zu Resignation treiben.«*[70]

In Berlin wurde vergangenes Jahr ein roter Blechkasten ausgestellt, mit einem weißen, behelfsmäßig aufgemalten Königsadler und der Aufschrift »Poczta Powstancza«. Dies war der Briefkasten der befreiten Republik Polen, die während des

Warschauer Aufstands vom 1. August bis zum 2. Oktober 1944 auf nur wenigen Quadratkilometern Boden Bestand hatte.

Täglich wurden fast viertausend Briefe aus dem Kasten geholt und zugestellt. Dann musste sich die polnische Heimatarmee den deutschen Belagerern ergeben. Der Briefkasten war Teil der Ausstellung der Berliner Stiftung »Topographie des Terrors«, die an den 75. Jahrestag des Warschauer Aufstands erinnern sollte.

Dass während der Massenmorde durch die Deutschen, während des verzweifelten Aufstands neun Monate vor Kriegsende, immer in der Bedrohung durch die SS-Einsatztruppen, die Warschau umzingelt hatten, Briefe so wichtig waren und eine funktionierende Briefpost ein solches Freiheitsgefühl geben konnte, berührt mich. Die Zivilbevölkerung *wollte* einander Briefe schicken, auch wenn sie um die schiere Existenz kämpfte. Briefe gehörten für sie dazu.

Oder denken wir an die Kassiber, die unter großer Gefahr aus Gefängnissen geschmuggelt wurden. Als Dietrich Bonhoeffer gefangengesetzt worden war, schleusten zwei Wachmänner seine Briefe aus dem Tegeler Gefängnis, er schrieb an Maria, seine Verlobte, schrieb an Eltern, Freunde, Geschwister. Das Lied »Von guten Mächten treu und still umgeben/behütet und getröstet wunderbar« verdanken wir einem dieser Kassiber, Bonhoeffer verfasste den Text im Kellergefängnis in der Prinz-Albrecht-Straße 8 in Berlin und schickte ihn an seine Verlobte. Es war der letzte Brief, den er Maria zukommen lassen konnte.

Dass wir heute ohne Zensur und im vollen Vertrauen auf das Briefgeheimnis Botschaften verschicken können, ist ein Luxus, den viele Jahrhunderte vor uns nicht kannten. Damals versuchte man, Schrift unsichtbar zu machen, indem man mit Zitronensaft schrieb (der wieder sichtbar wird, wenn man ihn erwärmt, und beim Abkühlen sofort erneut verschwindet). Noch besser wirkte Orangensaft: Er wurde sichtbar, wenn man ihn erwärmte, und blieb für immer sichtbar – also wusste der Empfänger, ob schon jemand die Nachricht gelesen hatte. Es funktionierte auch mit Essig und Urin, mit Alaunpulver, Milch, Brühe aus Zwiebelschalen. Man schrieb auf Papier, das mit unwichtigen (sichtbaren) Worten beschriftet war, oder schrieb zwischen die Zeilen Vertrauliches. So hoffte man, dass der Brief als gewöhnliches Schreiben durch die Kontrollen käme.

Durch die Position und Ausrichtung der Briefmarke sagten sich Liebespaare noch im 20. Jahrhundert Geheimes, so zum Beispiel, indem sie eine Briefmarke über Kopf in die linke obere Ecke klebten, was bedeutete: »Ich liebe dich«.

Schriftliche Hilferufe

Und was, wenn man im Gefängnis saß oder gar im Konzentrationslager und nicht konspirativ schreiben konnte, sondern nichtssagende Briefe verfassen musste, damit sie überhaupt verschickt wurden?

Carl von Ossietzky ging es so, dem Pazifisten, der in seiner Zeitschrift *Die Weltbühne* die heimliche Kriegsrüstung der Nazis bloßgestellt hatte. Er schrieb seiner Frau Maud aus dem KZ »beruhigende« Briefe. Als sie von einem Besuch im KZ zu sprechen begann, schrieb er ihr mit zittriger Handschrift:

»Gegen Deinen Plan, mich hier zu besuchen, muß ich mich nach wie vor ablehnend verhalten. Es fällt mir sehr schwer, Dir das zu schreiben, denn es ist ja selbstverständlich, daß ich Dich nach so langer Trennung endlich einmal wiedersehen und Deine Stimme hören möchte. Aber das Unternehmen wird zu teuer, viel zu teuer für unsre heutigen Verhältnisse, wo mit jedem Pfennig gerechnet werden muß. Solltest Du das Geld wirklich zur Verfügung haben, so lege es zurück oder schaffe dir etwas an, was Du dringend benötigst, und ich zweifle nicht, daß Du sehr viel nötig haben wirst und daß Du Dir viel versagen mußtest. Es fällt mir wirklich schwer, diesen Wunsch auszusprechen, aber ich glaube, er ist vernünftig und entspricht unsrer gegenwärtigen Lage.«[71]

Was sollte ein solcher Brief sagen? Carl wollte ihr den Anblick des Konzentrationslagers ersparen und wusste zudem, dass sie sich mit einem Besuch selbst in Gefahr bringen würde. Trotzdem kämpfte Maud, seine Frau, in den Ämtern um eine Genehmigung. Denn seine krakeligen Buchstaben offenbarten, welche Folter er durchlitt und wie weit seine körperliche Zerrüttung fortgeschritten war. Nicht der Inhalt des Briefs machte Maud unruhig – die Handschrift war es, die keinen Zweifel daran ließ, dass es womöglich ihre letzte Gelegenheit sein würde, ihn lebendig zu sehen.

Wie durch ein Wunder erhielt sie die Erlaubnis zum KZ-Besuch und fuhr nach Papenburg-Esterwegen. Sie durfte auf den Platz zwischen den Beton-Türmen treten, auf denen Wachmänner mit Maschinengewehren standen. Nun war auch sie umgeben von mit Starkstrom geladenen Drahtzäunen. Ein Uniformierter prüfte die Papiere und gestattete ihr fünf Minuten mit Carl.

Carl von Ossietzky kam erschreckend langsam heran, in eine zerlumpte Uniform gekleidet, der Hals steif, auch die Arme hielt er eigenartig. Sie konnte sich vorstellen, dass er eben noch einen schweren Steinkarren über den Moorboden gezerrt hatte, marschiert war oder stundenlang hatte strammstehen müssen.

»Wie geht es dir?«, fragte Maud.

Er konnte nur lispeln, man hatte ihm die Zähne eingeschlagen, aber brachte heraus: »Es geht … zur Zeit.« Er zitterte, der ganze Körper schlotterte. Er versuchte, es zu verbergen, nahm die Hände hinter den Rücken.

Maud wurde mit Erschaudern bewusst, dass sie ihren geliebten Mann halb zu Tode gequält hatten. Aber sie durfte ihn nicht stützen, in den Arm nehmen, nach Hause bringen und pflegen.

Er fragte nach der gemeinsamen Tochter Rosalinde. Wenige Sätze konnten sie nur wechseln, dann gab der SS-Mann barsch Bescheid, dass ihre Zeit um sei. Er drohte Maud, das nächste Mal werde er sie hierbehalten.

Schon saß sie wieder im Auto, das sie zum Bahnhof fuhr. Entsetzt bis ins Letzte. Sie würde den Anblick dieses Lagers nie wieder vergessen. Aber was sollte sie tun? Gefährdete sie Carl nicht erst recht, wenn sie sich für ihn einsetzte, würde man ihn dann nicht noch ärger behandeln?

Zwei Wochen nach ihrer Heimkehr kam erneut ein Brief von ihm, in krakeliger Schrift:

»Ich kann kaum sagen, wie sehr mich Dein Besuch gefreut hat und daß wir uns wieder über unsere dringendsten Angelegenheiten ausgesprochen haben. Du kannst Dir denken, daß ich um Dich viele Sorgen hatte, und ich muß sagen, daß ich seitdem viel ruhiger bin, denn Du warst beherrscht und weit weniger nervös als ich befürchtete. Aber ich hoffe, daß Du auch jetzt, wo du mich gesehen hast, ruhiger geworden bist. Du hast Dich mit Deinen Augen überzeugen können, daß ich nicht schlecht aussehe und mich wohlauf befinde, daß also bestimmte, wie man mich unterrichtet hat, im Ausland verbreitete Gerüchte nicht stimmen. Du wirst dich daran erinnern, daß der Herr Kommissar Dir sagte, es wäre gut, wenn Du von dem, was Du gesehen hast, auch wirklich Gebrauch machen würdest. Es ist jedenfalls richtig, das zu tun, wenn auch Dein Bekanntenkreis klein genug ist.«[72]

Maud von Ossietzky verstand. Sie lieh sich Geld und reiste nach England. Persönlich brachte sie bei der London Times eine Erklärung vorbei, die diese auch abdruckte. Sie informierte die Liga für Menschenrechte über das, was sie in dem Lager gesehen hatte. Und bald begann ein Kreis von Mutigen, für Carl von Ossietzkys Leben zu kämpfen, im Inland und Ausland.

Am Ende dieser Mühen stand die Verleihung des Friedensnobelpreises an ihn, was die Nazis zwang, ihn aus dem KZ zu entlassen, denn noch war Nazideutschland die Maske nicht vom Gesicht gerissen, die Kriegsrüstung war noch nicht abgeschlossen, und man konnte nicht riskieren, vor aller Welt als Unrechtsstaat dazustehen.

Carl und Maud von Ossietzky blieben noch kostbare anderthalb Jahre, die sie zusammen verbringen konnten, bevor er an den Folgen der KZ-Haft starb.

„Nicht mein Herz zerreißen"

Josephine von Brunsvik und Ludwig van Beethoven

Ludwig van Beethoven, der bekannteste Pianist von Wien, soll zwei Schwestern Klavierunterricht geben: Therese und Josephine. Beide sind musikalisch und spielen ausgezeichnet Klavier. Beethoven verabscheut das Unterrichten, und dennoch stimmt er zu, nachdem die beiden ihm vorgespielt haben. Er hat sich in Josephine verliebt.

Anfangs unterrichtet er sie alle zwei Wochen, dann öfter und schließlich beinahe täglich. Nachmittags unternimmt er mit den Schwestern Ausflüge ins Grüne, sie spazieren durch die Stadt oder besuchen gemeinsam das Theater. Sie scherzen und lachen, flirten und genießen ihr junges Leben.

Josephine ist klug und gewinnend und trotz ihrer adligen Herkunft keineswegs hölzern, sondern fesch und spielerisch und von spöttischer Heiterkeit. Sie hat Esprit. Und natürlich ist sie unerreichbar. Ihre Mutter, Gräfin Anna von Brunsvik, hat sich zwar gewünscht, dass die Töchter vom berühmten Pianisten Unterricht erhalten soll – von Josephines zukünftigem Ehemann hat sie allerdings andere Vorstellungen. Bald ist der passende Bräutigam ausfindig gemacht. Josephine muss den Grafen Deym heiraten. Die Mutter fackelt nicht lange, die Sache wird binnen weniger Wochen ausgehandelt und vollzogen.

Damit sind die fröhlichen Tage mit Beethoven zu Ende. Klavierstunden darf er ihr nur noch zweimal in der Woche geben, und natürlich sind die Spaziergänge gestrichen. Der Abschied trifft ihn hart. Er schreibt ihr ein Lied mit sechs Variationen über Goethes »Ich denke dein«. Um kein Aufsehen zu erregen, widmet er es Josephine und Therese gemeinsam. Deutlicher darf er nicht wagen, seine Gefühle zu äußern.

Wider Erwarten wird es für Josephine eine gute Ehe mit dem fast dreißig Jahre älteren Grafen Deym. Sie gebiert ihm gleich in den ersten Ehejahren drei Kinder. Beethoven freundet sich mit Josephines Bruder Franz an, und er tritt im Haus der Deyms bei Abendkonzerten auf. Dort sendet er Josephine heimliche Botschaften durch die Musik.

Im ersten Streichquartett op. 18 verbirgt er in der Grabszene aus »Romeo und Julia« das Lied »Ich denke dein«, im vierten Quartett dasselbe Lied noch einmal in c-Moll. Der hochmusikalischen Josephine entgeht das nicht. Es sind schmerzerfüllte Liebesgrüße von Beethoven an die Vergebene.

Er komponiert das Andante favori in F-Dur (WoO 57) und schickt es ihr. Darin singt das Vier-Ton-Motiv deutlich ihren Namen: Jo-se-phi-ne, Jo-se-phi-ne. Es wird in Variationen versteckt, erscheint in verschiedenen Tonlagen wieder, Beethoven ruft Josephine mit seinen Tönen.

Eine außereheliche Beziehung kommt für beide nicht infrage. Leicht fällt ihnen die Enthaltsamkeit aber nicht, wie ein Brief Beethovens an Josephine aus dem Jahr 1805 rückblickend beweist.

> *»ihr ganzes Ich mit allen ihren Eigenheiten – haben meine Achtung – alle meine gefühle – mein ganzes Empfindungsvermögen an sie gefesselt – als ich zu ihnen kam – war ich in der festen Entschlossenheit, auch nicht einen*

Funken Liebe in mir keimen zu laßen, sie haben mich aber überwunden – ob sie das wollten? – oder nicht wollten?«[73]

Josephine und Graf Deym ziehen nach Prag. Dort stirbt, während die 25-jährige Josephine noch mit dem vierten Kind schwanger ist, ihr Mann überraschend an einer Lungenentzündung. Josephine kehrt mit den Kindern nach Wien zurück, und Beethoven und sie knüpften wieder eine zarte Verbindung zueinander. Er spielt ihr stundenlang vor, um ihre Trauer um den verstorbenen Ehemann zu lindern, und sie erhält von ihm täglich Klavierunterricht.

Beethoven und Josephine verspüren »große Ähnlichkeit in so manchen sachen, im denken und empfinden«.[74] So sehr Josephine ihren Mann auch gemocht hat, sie war mit ihm nicht ein Herz und eine Seele wie mit Beethoven.

Josephines Geschwister sind alarmiert. Charlotte schreibt an Therese: »Beethoven kommt sehr häufig, er unterrichtet Pepi [Josephine], das ist etwas gefährlich, gestehe ich dir«.[75] Sie raten Josephine, ihn nie allein zu treffen. Beethoven schickt ihr immer leidenschaftlichere Briefe:

»Von ihr – der einzig Geliebten – warum giebt es keine Sprache die das Ausdrücken kann was noch weiter über Achtung – weit über alles ist – was wir noch nennen können – o wer kann Sie aussprechen, und nicht fühlen daß so viel er auch über Sie sprechen möchte – das alles nicht Sie – erreicht – – nur in Tönen – Ach bin ich nicht zu

> *stolz, wenn ich glaube, die Töne wären mir williger als die Worte – Sie Sie mein Alles meine Glückseeligkeit – Ach nein – auch nicht in meinen Tönen kann ich es, obschon die Natur mich hierin nicht karg beschenkest [hat], so ist doch zu wenig für Sie. Stille schlage nur armes Herz – weiter kannst du nichts –. Für Sie – immer für Sie – nur Sie – ewig Sie«*[76]

Beethovens Schulbildung ist nicht die beste. Biografen wie Jan Caeyers bezweifeln, dass er die Trivialschule bis zum letzten Jahr besucht hat. Zwar holt Beethoven später durch Lektüre und den Besuch von Vorlesungen einiges nach, seine Briefe bleiben aber chaotisch. Er schreibt die Substantive klein, groß schreibt er sie nur, wenn er sie betonen will, und er unterstreicht gern und viel und setzt Gedankenstriche von unterschiedlicher Länge.

Viele Briefe beginnen mit der Schilderung von Abhaltungen, und wenn die Vorwände nicht mehr genügen, sagt er ganz direkt: »da ich überhaupt eben nicht der Fleißigste Briefschreiber bin, so mag auch das zu meiner Entschuldigung mit dienen«[77]. Später erklärt er einmal in einem Brief, er schriebe lieber 10.000 Noten als einen Buchstaben. Aber Josephine weckt in ihm die Leidenschaft zu schreiben.

Gleichzeitig mit den Briefen versucht er, sie mit Musik zu erreichen. Er widmet ihr ganz offen ein Musikstück, zudem eines, das »An die Hoffnung« überschrieben ist, was einem Heiratsantrag nahekommt.

Josephine ist glücklich. Allerdings wird ihr auch die gesellschaftliche Barriere immer bewusster, die zwischen ihnen steht.

Heiratet sie Beethoven, verliert sie den Adelsstand und somit das Sorgerecht für ihre vier Kinder.

Beethoven bekniet sie:

> *»O geliebte J., nicht der Hang zum andern Geschlechte zieht mich zu ihnen, nein nur sie ihr ganzes Ich mit allen ihren Eigenheiten – haben meine Achtung – alle meine gefühle – mein ganzes Empfindungsvermögen an sie gefesselt«*[78]

Josephines Mutter greift ein und versucht, die Beziehung zu Beethoven zu einem Ende zu bringen. Nur zum Schein gibt Josephine nach, sie trifft sich heimlich weiter mit Beethoven, und die beiden verstecken füreinander Briefe in Büchern.

Beethoven komponiert in dieser Zeit die Klaviersonate in f-Moll op. 57, heute als »Appassionata« bekannt wegen ihres Tobens und Aufbegehrens und ihrer starken, fast schon erschütternden Ausdruckskraft. Ein Musikstück, das seine Verzweiflung deutlich ausdrückt. Er widmet sie Josephines Bruder Franz.

Josephine machte Beethoven klar, dass zwischen ihnen, obwohl ihm leidenschaftlich ihr Herz gehört, wohl nur eine platonische Beziehung möglich ist, und bittet: »Nicht mein Herz zerreißen – – Nicht weiter in mich dringen – Ich liebe Sie unaussprechlich«[79].

Beethoven fühlt sich abgewiesen, außerdem ist er gekränkt, weil andere ihr so offen den Hof machen dürfen. Therese schreibt besorgt an ihre Schwester Charlotte, dass Josephine zur Vernunft kommen müsse: »Ihr Herz muss die Kraft haben, nein zu sagen, eine traurige Pflicht, wenn nicht die traurigste aller!«[80] Josephine und Beethoven vereinbaren, einander eine Zeitlang nicht zu sehen.

Auf einer Reise durch Italien macht der Privatlehrer ihrer Kinder, Christoph von Stackelberg, Josephine schöne Augen, und in einer verhängnisvollen Nacht wird sie schwach, und die beiden werden intim miteinander. Ein Fehltritt mit Folgen: Sie wird schwanger, und Stackelberg erzwingt die Heirat. Er ist Baron, Josephines Familie kann in dieser Situation kaum noch Einwände vorbringen. Eine glückliche Ehe wird es nicht.

Und Beethoven? Er hat sich zehn Jahre lang nach ihr verzehrt und um sie geworben. Für ihn muss es aussehen, als habe sie den erstbesten Mann geheiratet. Er ist tief verwundet.

Jahre gehen ins Land. Am Abend des 3. Juli 1812, Beethoven ist für ein paar Tage in Prag, begegnet er nahe seines Hotels *Zum schwarzen Roß* auf der Straße unerwartet Josephine. Sie hat sich vier Wochen zuvor von Stackelberg getrennt und ist in Prag, um beim Kaiser eine Audienz zu erlangen und ihn um finanzielle Unterstützung zu bitten (Stackelberg hat sich als Drückeberger und Egozentriker erwiesen und die Familie nahezu ruiniert).

Josephine und Beethoven haben sich über Jahre bewusst voneinander ferngehalten, haben sich höchstens per Brief einmal dezent erkundigt, wie es dem anderen geht. Aber Beethoven weiß durch seine Freundschaft mit Franz, wie schlecht es Josephine in ihrer Ehe mit Stackelberg geht. Und nun die überraschende Begegnung in Prag. Es ist aufwühlend, für beide.

Wie die Begegnung ablief, wissen wir nicht, lange Zeit waren sich die Biografen nicht einmal einig, dass es Josephine war, die er dort traf. Viele Details sprechen dafür.

In den Tagen nach dem 3. Juli schreibt Beethoven einen Brief, den er nie abschickt, der ihm aber so wichtig ist, dass er ihn zusammen mit dem Heiligenstädter Testament aufbewahrt. Er wird später berühmt werden unter dem Namen: »Brief an die unsterbliche Geliebte«. Beethoven schreibt ihn mit einem Bleistift, den ihm die Adressatin gab, ein vertrauliches Geschenk damals.

> *»Mein Engel, mein alles, mein Ich. – nur einige Worte heute, und zwar mit Bleystift (mit deinem) [...] Kann unsere Liebe anders bestehn als durch Aufopferungen, durch nicht alles verlangen, kannst du es ändern, daß du nicht ganz mein, ich nicht ganz dein bin [...] wären unsere Herzen immer dichtan einander [...] die Brust ist voll dir viel zu sagen – Ach [...] mache daß ich mit dir leben kann, welches Leben!!!! so!!!! ohne dich [ ] wie du mich auch liebst – stärker liebe ich dich doch – doch nie verberge dich vor mir«*[81]

Und am nächsten Morgen, überschrieben »guten Morgen am 7ten Juli«:

> *»schon im Bette drängen sich die Ideen zu dir meine Unsterbliche Geliebte, hier und da freudig, dann wieder traurig, vom Schicksaale abwartend, ob es unß erhört – leben*

kann ich entweder nur ganz mit dir oder gar nicht, ja ich habe beschlossen in der Ferne so lange herum zu irren, bis ich in deine Arme fliegen kann, und mich ganz heymathlich bey dir nennen kann […]

Deine Liebe macht mich zum glücklichsten und zum unglücklichsten zugleich […] – liebe mich – heute – gestern – Welche Sehnsucht mit Thränen nach dir – dir – mein Leben – mein alles«[82]

Diesmal sagt ihr Beethoven klarer als je zuvor, dass er ernst machen möchte mit ihr. Der Brief lässt nichts offen. Er ist die leidenschaftliche Frage nach dem »Für immer«.

Am 3. April 1813, genau neun Monate nach dem 3. Juli, bringt Josephine ihr siebtes Kind zur Welt, ein Mädchen. Sie nennt es Minona, was man rückwärts wie »anonym« lesen kann. Laut den Aufzeichnungen von Josephines Schwester Therese ist das Kind von robusterer Gestalt als seine Geschwister und musikalisch begabt.

Brachte die Nacht des 3. Juli Beethoven und Josephine endlich für immer zusammen? Josephine muss geahnt haben, dass sie schwanger sein könnte, und sie kannte den manipulativen Egomanen Stackelberg. Hätte er herausgefunden, dass sie die Ehe gebrochen hatte (sie teilten ja damals nicht mehr das Bett, wie sollte sie sonst schwanger geworden sein?), er hätte mit Sicherheit einen Skandal inszeniert und ihr die Vormundschaft für ihre sechs Kinder und das noch ungeborene siebte weggenommen. Sie konnte, sie durfte die Kinder nicht verlieren. Also reiste sie Hals über Kopf nach Wien zurück und versöhnte sich mit Stackelberg, so dass er glauben konnte, das Kind sei von ihm.

(Später nahm er ihr bei ihrer Trennung mit amtlicher Verfügung trotzdem ihre drei jüngsten Kinder, also auch Minona, weg, und hielt sie über Jahre vor ihr versteckt.)

Beethoven, der die Versöhnung mit Stackelberg als eindeutiges Signal nehmen musste, schickte den »Brief an die unsterbliche Geliebte« nicht ab.

Später schrieb er an Ferdinand Ries: »alles schöne an ihre Frau – leider habe ich keine, ich fand nur eine, die ich wohl nie besitzen werde«.[83]

Josephine und Beethoven sahen sich noch einige Male. Im Juli 1816 waren sie in Baden, wo ihn auch sein Neffe Karl besuchte. Er fragte später, als Beethoven taub geworden war und Gespräche mit seinen Besuchern schriftlich über Konversationshefte führte, in einem dieser Hefte, Beethoven sei in Baden »mit Einer Arm in Arm gegangen. Wer das war?«[84]

Ich stelle mir vor, dass Josephine und Beethoven dort spazieren gingen. Beethoven hatte im April, wenige Wochen zuvor, ihre Geschichte im Liederzyklus »An die ferne Geliebte« op. 98 verewigt.

Nicht lange nach diesen Wochen im Kurort Baden erlitt Josephine eine schwere Depression, von der sie sich nie wieder erholte. Beethoven unterstützte – dafür sprechen laut seines Biografen Jan Caeyers die Indizien – die bettlägerige Liebe seines Lebens mit hohen Geldsummen. Sie starb am 31. März 1821.

Beethoven hat nie geheiratet.

Komponiert mit Herz und Hand – der Brief

Ich stehe vor meinem Postkasten und halte zwischen Rechnungen und Werbeflyern einen Brief in der Hand. Adressiert an mich. Handgeschrieben in eleganten Schwüngen. Auf zart getöntem, wunderschönen Papier. Ich gebe zu – der Brief landet ganz oben auf meinem Stapel. Ich trage ihn aufmerksam ins Haus und überlege auf dem Weg, was wohl darin stehen wird. Ich halte die Blätter in meinen Händen und kann das – wenn ich möchte – auch noch in vielen Jahren tun.

Genau das macht einen handgeschriebenen Brief zu einem wahren Schatz, den viele von uns sorgsam ein ganzes Leben hüten. Aber auch, wenn es sich nicht um diesen einen, ganz besonders zu Herzen gehenden Brief handelt, ist der Prozess des Schreibens und der Moment des Empfangs immer etwas ganz Besonderes. Allein, weil handgeschriebene Briefe heute zur seltenen Ausnahme geworden sind.

Ist das nicht schade? Wo doch ein handgeschriebener Brief so vieles besser ausdrücken kann als eine getippte Nachricht. Die Wertschätzung, die es bedeutet, sich Zeit zu nehmen, um Ihre Gedanken zu Papier zu bringen. Für den Empfänger. Ihre Freude über ein Ereignis. Ihre Trauer. Vielleicht auch Ihren Ärger?

Allein durch Ihr Schriftbild berühren Sie den Adressaten ganz persönlich. Sie sind ihm nah, denn Ihre handgeschriebenen Zeilen sind ein physisch greifbarer Gruß von Ihnen.

Ganz sicher werden Sie Ihre Emotionen und Erlebnisse per Hand auch viel sorgsamer und bildhafter beschreiben als in einer schnell verfassten E-Mail. Möglicherweise denken Sie auch länger über den Inhalt nach.

Verwerfen einige Ansätze, bis Sie sich ganz sicher sind, den richtigen Ton getroffen und den Inhalt stimmig zu Papier gebracht haben.

Dieser kreative Prozess ist wunderbar. Nicht nur für den Empfänger, sondern auch für Sie selbst.

Inspiration und Idee

Seit ich einen Block und einen Stift neben dem Bett liegen habe, kann mich die Inspiration nicht mehr hinterhältig nachts um 3 Uhr überfallen. Oft kommen mir auch auf langen Autofahrten gute Ideen, wenn ich einem Gedanken ganz ohne Störung und mit all seinen verschlungenen Umwegen folgen kann. Und manchmal, da passiert auch einfach gar nichts.

Sie möchten loslegen, aber Ihnen fehlen die richtigen Worte oder der zündende Gedanke? Lassen Sie sich davon nicht abhalten. Vielleicht müssen Sie erst in der richtigen

Stimmung sein. Setzen Sie sich an Ihren Schreibtisch oder -platz. Besitzen Sie eine schöne Schreibunterlage (siehe Seite 100)? Sortieren Sie Ihre Schreibutensilien und legen Sie alles ganz bewusst bereit.

Jetzt starten Sie Ihre Einschreibroutine (siehe Seite 141–143). Allein das wird Ihnen helfen, sich zu fokussieren und störende Gedanken beiseitezuschieben.

Denken Sie an den Empfänger. Warum möchten Sie ihr oder ihm einen Brief schreiben? Was ist Ihr Anlass, zu Stift und Papier zu greifen? Schreiben Sie zunächst auf einem Notizblock auf, was Ihnen spontan in den Sinn kommt. Einzelne Worte oder kurze Sätze. Geben Sie Ihren Gedanken immer mehr Raum und verbinden Sie diese zu längeren Sätzen. So gelangen Sie in Ihren ganz persönlichen Schreib-Flow.

Wenn Sie sich noch nicht ganz sicher sind, was Sie genau zu Papier bringen möchten, schreiben Sie vor und übertragen Ihren Text erst auf das möglicherweise teure Briefpapier, wenn Sie mit dem Ergebnis zufrieden sind. Nutzen Sie Ihr persönliches Schriftraster (Seite 130 ff.) und planen Sie Dekorationen von Beginn an ein.

Wenn Sie Ihre wichtigste Botschaft zu Papier gebracht haben, lesen Sie alles in Ruhe durch. Bringen Sie Ordnung in Ihre Satzfolge, falls Ihnen alles noch etwas durcheinander erscheint.

Möglicherweise, wenn Ihr Anliegen nicht zu dringlich ist, lassen sie den Text über Nacht ruhen und schauen am anderen Tag, ob Ihnen an der einen oder anderen Stelle eine noch treffendere Formulierung gelingt. So verdichten Sie Schritt für Schritt Ihre Nachricht an den Empfänger Ihrer wertvollen Zeilen.

Wer Spaß am Schreiben mit der Hand hat, kann sich eine Wort- und Ideensammlung zulegen. Wie manche Schriftsteller es tun. Ich habe ein kleines Notizbuch, in dem ich meine Liste der »aussterbenden« Wörter führe. Mein ganz persönlicher Spaß, wenn ich auf Wörter wie »Bratkartoffel-Verhältnis«, »Maulaffen feilhalten« oder »Telefonwählscheibe« stoße. Wörter für Tätigkeiten oder Gegenstände, die heute gar nicht mehr existieren. Ich nutze diese Liste für meine Schriftübungen und habe Spaß daran, sie bildhaft zu gestalten.

Vielleicht möchten Sie sich ja auch eine Liste für Ihre persönlichen Lieblingswörter erstellen. Wörter oder Sätze, mit denen Sie positive Gedanken verbinden und die Sie bei Bedarf in Ihre Texte integrieren oder mit denen Sie Ihre Schriftübungen (siehe Seite 123 ff.) durchführen können. Mit dieser Sammlung können Sie Ihren Brief-Wortschatz erweitern und Ihre Texte noch lebendiger und bildhafter erscheinen lassen.

Stöbern Sie – falls vorhanden – in alten Briefen Ihrer Eltern oder Großeltern.

Damals wurden noch viele persönliche Briefe per Hand verfasst, und man war darauf angewiesen, so genau und präzise wie möglich zu formulieren. Es gab noch kein oder wenige Mobiltelefone, die Kommunikation war oft kompliziert und – wenn man weit voneinander entfernt wohnte – auch sehr teuer. Wer weiß, auf welche Familienschätze Sie bei dieser Suche stoßen?

Eine weitere Quelle der Inspiration sind Songtexte. Natürlich geht es nicht darum, Zeilen zu kopieren. Aber manchmal verbinden Verfasser und Empfänger eines Briefes auch besondere Erlebnisse während eines Lebensabschnittes. Suchen Sie in Liedtexten aus dieser Zeit. Das stellt Nähe her und lässt gemeinsame Erinnerungen aufleben.

Am Ende geht es darum, dem Empfänger Ihrer Zeilen zu zeigen, wie wichtig es Ihnen ist, Ihre Gedanken mit ihm zu teilen. Dazu müssen Sie kein Meisterwerk verfassen. Ehrliche und sorgsam gewählte Worte werden verstanden.

Komposition: Wie schreibt man eigentlich einen Brief?

Warum schreiben wir Postkarten eigentlich nur noch aus dem Urlaub? Durch den limitierten Platz sind wir gezwungen, uns auf das Wesentliche zu beschränken und es so bildhaft, präzise und vielleicht auch witzig wie möglich zu beschreiben. Eine herrliche Übung in Reduktion!

Manchmal passt all das, was wir mitteilen möchten, aber nicht auf eine kleine Postkarte. Ein Brief lässt uns weiter ausholen, lebendiger formulieren, schöner gestalten und mehr auf unser Gegenüber eingehen.

Damit Ihre Gedankengänge für den Leser gut verständlich sind, sollte Ihr Brief unabhängig davon, ob es sich um ein eher formales oder sehr persönliches Anschreiben handelt, nach einem bestimmten Aufbau gegliedert sein.

Auch ein privater Brief kann einen formellen oder geschäftlichen Charakter aufweisen.

Wenn dies der Fall ist, dann sollten Sie, ähnlich wie bei einem Geschäftsbrief, Ihren Namen und die komplette Adresse auf dem Briefkopf vermerken. Ein rein privater Brief an eine vertraute Person dagegen kann auf alle Formalitäten verzichten.

Beginnen Sie mit einer dem Adressaten und Anlass entsprechenden Anrede.

Sachlich, höflich, vertraut oder sogar verliebt? Preschen Sie nicht zu stürmisch mit Ihrem Hauptanliegen vor, sondern geben Sie dem Leser Gelegenheit, sich einzufinden. Dazu hilft eine kleine Einleitung. Erkundigen Sie sich nach dem Wohlbefinden des Empfängers, erzählen Sie von sich und nähern sich so, Zeile für Zeile, Ihrem Hauptanliegen.

Wenn Sie sich »warmgeschrieben« haben, nimmt Ihr Anliegen im Hauptteil des Briefes Fahrt auf. Nun schildern Sie Ihre Gedanken, das Thema oder Problem. Lassen Sie den Leser teilhaben an Ihren Überlegungen, suchen Sie nach bildhaften Vergleichen und kommen Sie – schließlich – auf den Punkt.

Der Schluss sollte sich kurz zusammenfassend auf Ihre vorher ausführlich geäußerten Gedanken beziehen, den Adressaten nochmals persönlich ansprechen und eine Aufforderung zur Antwort, also den Wunsch nach Fortsetzung des Briefwechsels, enthalten.

Beenden Sie Ihren Text mit einer passenden Grußformel. Die Wortwahl für diese Verabschiedung unterstreicht ein letztes Mal den Charakter Ihres Briefes. Vertraut und liebevoll, freundschaftlich verbunden, witzig oder förmlich-distanziert.

Ich erinnere mich, als junges Mädchen unter all meine Briefe mindestens ein »PS:« - ein Postskriptum – gesetzt zu haben, um noch einen letzten, aber für mich sehr wichtigen Gedanken mitzuteilen. Wussten Sie, dass das »Postskriptum « oft zuerst gelesen wird? Machen Sie sich diese Besonderheit zunutze und setzen eine ganz besonders wichtige Botschaft einfach als »PS:« unter Ihren Brief.

Gestaltung

Soweit der inhaltliche Rahmen. Ich finde es besonders schön, wenn die Optik den Gesamteindruck entsprechend abrundet.

Während ein geschäftlicher Brief eher klar und ohne verzierende Ornamente gestaltet werden sollte, können Sie bei der Gestaltung eines privaten Briefes Ihrer Kreativität auch optisch freien Lauf lassen.

Nachdem Sie Ihre Handschrift einer Selbst-Analyse (siehe Seite 124f., 128f.) unterzogen haben, überlegen Sie, welche Besonderheiten Ihrer Schrift Sie möglicherweise hervorheben möchten. Die besondere Gestaltung von Initialen zu Beginn eines neuen Abschnittes hat eine große

Tradition. Denken Sie an die bereits im Mittelalter kunstvoll per Hand gestalteten Schmuckbuchstaben in alten Dokumenten.

In Ihrem Brief kann es bereits wunderschön aussehen, wenn Sie den ersten Buchstaben etwas größer schreiben. Oder in einer anderen Tintenfarbe.

Ein Geburtstags- Weihnachts- oder Ostergruß darf sehr gerne mit entsprechenden Schmuckelementen aufgewertet werden. Werden Sie kreativ bei der Gestaltung von Karten. Überlegen Sie, welche Buchstaben sich zu einer kunstvollen sogenannten Ligatur, also Buchstabenverbindung, zusammenfügen lassen oder wo sich kleine dekorative Elemente in Ihr Schriftbild einfügen lassen. Wenn Sie Freude an dieser Art der Gestaltung von und mit Schrift finden, gibt es vertiefende Kurse für Handlettering oder moderne Kalligrafie.

Ein gelungenes Layout für eine Karte oder einen Brief weist einen ausgewogenen Anteil von beschriebener Fläche und Freiraum auf. Vermeiden Sie es, bis an den Rand zu schreiben. Grundsätzlich gilt die Regel: Weniger ist oft mehr. Überfrachten Sie Ihr Layout nicht. Die Dekoration soll Ihr Schriftbild nicht überlagern, sondern verstärken, ihm den richtigen Rahmen verleihen und die Botschaft unterstützen.

„Ein Brief fühlt sich an wie Unsterblichkeit"

Wenn Briefe die großen Fragen behandeln

Briefe gehörten von Anfang an zum christlichen Glauben. Wir finden in der Bibel Briefe von Paulus, Petrus, Johannes, Jakobus. Keine »Mir geht es gut, wie geht es dir?«-Briefe, sondern tiefgründige Erörterungen von Glaubensproblemen, Mutmach-Briefe, Inspirationsbriefe.

Schon im jüdischen Glauben, aus dem der christliche Glaube hervorging, spielen Worte eine entscheidende Rolle. Israel ist das Volk des Buchs, im Gottesdienst wurde vorgelesen. So blieb es auch bei den Christen, und zusätzlich zu den Texten des Alten Testaments, der Tora, den Propheten und Weisheitsschriften, wurden nun auch die Briefe der Apostel vorgetragen.

Dass sich das frühe Christentum so schnell ausbreitete, lag zu einem guten Teil an der funktionierenden Post im Römischen Reich. Zwar wanderte Paulus ausdauernd große Strecken (oder fuhr mit dem Schiff), aber er konnte nicht überall gleichzeitig sein, Petrus und die anderen Apostel genauso wenig. Briefe waren die Lösung. Sie wurden genutzt, um im Austausch theologische Probleme zu lösen, und sie halfen dabei, die Christen in verschiedenen Städten miteinander zu vernetzen. Die Empfänger schrieben wichtige Briefe ab und sorgten dadurch für ihre Verbreitung, sodass viele Gemeinden gleichzeitig daran teilhaben konnten. Außerdem ließen sich die Briefe wieder und wieder lesen, sie waren nachhaltiger als eine gehörte Predigt.

Die biblischen Briefe sind an die Öffentlichkeit der Gemeinde gerichtet, es sind keine gewöhnlichen Privatbriefe. Sie wenden rhetorische Mittel an, sie sind zu Papier gebrachte Predigten, sie sollen inspirieren und Orientierung geben.

Auch in den Jahrhunderten, die auf die Bibelentstehung folgten, erörterten christliche Gelehrte ihren Glauben in Briefen, Männer wie Hieronymus, Augustinus, Bonifatius oder Alkuin. Zur klösterlichen Gelehrsamkeit im Mittelalter gehörte das Briefeschreiben ganz selbstverständlich dazu.

Ein solcher Briefwechsel inspirierte mich zu meinem ersten Roman, als ich 22 war. Ich stieß beim Lesen auf Claudius von Turin und seinen Schüler Theodemir, die sich Briefe schrieben. Theodemir fiel seinem ehemaligen Lehrer in den Rücken und reichte Claudius' ketzerische Passagen an höhere Stellen weiter, und Claudius wehrte sich mit einer Erklärung, die man unter dem Namen *Apologeticum atque rescriptum Claudii episcopi adversus Theutmirum abbatem* kennt.

Darin lehnte Claudius Pilgerfahrten nach Rom genauso ab wie ein Vertrauen auf Verdienst und Fürbitte der Heiligen. Vor allem aber beschäftigte ihn die Frage, ob Christen Bilder verehren sollten oder nicht – ein großes Thema in der Christenheit des achten und neunten Jahrhunderts. Claudius schrieb:

> *»Warum erniedrigt ihr euch selbst und verbeugt euch vor falschen Bildern? Warum krümmt ihr euren Körper, gefangen vor lächerlichen Statuen und irdischen Abbildungen? Gott hat euch aufrecht geschaffen! Während Tiere bäuchlings der Erde zugeneigt sind, habt ihr einen gehobenen Status und seid aufrecht gemacht, mit dem Gesicht zum Himmel und zu Gott. Seht aufwärts, sucht Gott!«*[85]

Ich konnte nicht fassen, dass ein Mann im Jahr 825, also über eintausend Jahre vor meiner Zeit, etwas Derartiges geschrieben hatte. Auch seinen sarkastischen Humor empfand ich als ungewöhnlich für ein frühmittelalterliches Schriftstück:

»Wenn wir alles Holz verehren wollen, das in die Form eines Kreuzes gebracht wurde, weil ja Christus an einem Kreuz hing, dann sollten wir dasselbe mit vielen anderen Dingen machen, die Christus im Fleisch tat. Denn am Kreuz hing er nur sechs Stunden, aber im Bauch der Jungfrau war er neun Monate. […] Deshalb lasst uns Jungfrauen verehren, weil eine Jungfrau Christus zur Welt brachte! Lasst uns Krippen verehren, denn er wurde kurz nach seiner Geburt in eine Krippe gelegt. Altes Leinen soll verehrt werden, darin wurde er gewickelt, als er geboren wurde.

Lasst uns Boote verehren, schließlich segelte er häufig auf Booten und lehrte die Menge von einem kleinen Boot aus. Er schlief auf einem Boot, befahl den Winden von einem Boot und es war zur Rechten eines Bootes, wo nach seiner Prophezeiung der große Fischfang gemacht wurde.

Und lasst uns auch Lanzen verehren, denn einer der Söldner öffnete seine Seite mit einer Lanze und aus dieser Wunde flossen Blut und Wasser, die Sakramente, aus denen die Kirche geformt ist.

Dies sind alles Scherze. Man sollte lieber darüber lachen, anstatt sie aufzuschreiben. Aber wir sind gezwungen, mit dummen Argumenten gegen Dummköpfe vorzugehen und steinharte Schläge gegen steinerne Herzen zu führen.«[86]

Claudius war kein verstoßener Ketzer, der staubbedeckt durch die Gassen zog und unter den spöttischen Blicken der Vorbeikommenden Predigten hielt. Er war Bischof von Turin, und er blieb es bis zu seinem Tod. Trotz aller Kontroversen wurde er nie offiziell verurteilt oder gar exkommuniziert oder gefangengesetzt. Und seine Worte lebten weiter. Man konnte sie auch Jahrhunderte danach noch lesen. Die Waldenser bezeichneten ihn als einen ihrer Urväter.

Briefe mit Ewigkeitswert

Ist es nicht eigenartig, was Worte vermögen? Sie bewahren Gefühle und Gedanken eines Menschen auf, sie tragen sie durch die Jahrhunderte, unversehrt. Im Brief reisen unsere Gedanken zum anderen, losgelöst von uns und doch Teil unseres Selbst. Die amerikanische Dichterin Emily Dickinson fasste es – ebenfalls in einem Brief – einmal so zusammen:

»Ein Brief fühlt sich für mich an wie Unsterblichkeit, weil er nur den Geist beinhaltet ohne leiblichen Begleiter.«[87]

Manchmal verleiht erst ein Brief den Mut, Fragen zu stellen, die man von Angesicht zu Angesicht nicht zu stellen wagte. Oder man gelangt per Brief an eine Persönlichkeit, die sonst unerreichbar wäre. So ging es einer Schülerin, die sich am 19. Januar 1936 an einen berühmten Freund des schon erwähnten Carl von Ossietzky wandte, den Jahrhundert-Wissenschaftler Albert Einstein.

Lieber Dr. Einstein,

in unserer Sonntagsschulklasse kam die Frage auf: Beten Wissenschaftler?

Es fing damit an, dass wir uns fragten, ob wir sowohl an die Wissenschaft als auch an die Religion glauben können. Wir schreiben an Wissenschaftler und andere wichtige Männer, um zu versuchen, eine Antwort auf unsere Frage zu bekommen.

Wir würden uns sehr geehrt fühlen, wenn Sie unsere Frage beantworten könnten: Beten Wissenschaftler, und wofür beten sie?

Wir sind in der sechsten Klasse, bei Miss Ellis.
Hochachtungsvoll,
Ihre Phyllis

Albert Einstein war sich nicht zu fein, den Brief der Schülerin zu beantworten.

Liebe Phyllis,

ich werde versuchen, auf Deine Frage so einfach einzugehen, wie es mir möglich ist. Hier ist meine Antwort:

Wir Wissenschaftler glauben, dass jedes Ereignis, die Angelegenheiten der Menschen eingeschlossen, auf die Gesetze der Natur zurückzuführen ist. Deshalb fällt es einem Wissenschaftler schwer zu glauben, dass Vorgänge durch Gebete, also von einem dem Übernatürlichen gegenüber bekundeten Wunsch, beeinflusst werden können.

Wir müssen jedoch zugeben, dass unser tatsächliches Wissen über diese Kräfte unvollständig ist, sodass letztlich der Glaube an die Existenz eines endgültigen, höchsten Geists auf einer Art Vertrauen beruht. Ein solcher Glaube hält sich weiterhin, trotz der derzeitigen Errungenschaften in der Wissenschaft.

Doch auch jeder, der sich ernsthaft mit der Wissenschaft beschäftigt, ist irgendwann davon überzeugt, dass ein Geist den Gesetzen des Universums innewohnt, der dem des Menschen bei Weitem überlegen ist. Auf diese Art führt die Beschäftigung mit der Wissenschaft zu einem ganz besonderen religiösen Gefühl, das sich natürlich sehr von der Religiosität einer unbefangenen Person unterscheidet.

Mit herzlichen Grüßen,
Dein A. Einstein[88]

Ein Autor, der mich in meiner Weltsicht und meinem Glauben sehr beeinflusst hat, ist C. S. Lewis. Berühmt ist er für *Die Chroniken von Narnia,* für mich sind seine apologetischen Bücher aber noch bedeutender. Zudem lese ich seit Jahren seine Briefe, die in drei dicken Bänden erschienen sind, 3.000 Seiten, von denen ich mir immer wieder zehn, fünfzehn Seiten zu Gemüte führe.

Diese Briefe zu lesen bringt ihn mir persönlich näher. Ich erlebe seinen Alltag mit, seine Sorgen, seine Freuden. Wie er nicht wagt, dem Vater zu gestehen, dass er nicht mehr an Gott glaubt (später wird er wieder gläubig werden). Wie er vor dem Vater verheimlicht, dass er mit einer geschiedenen älteren Frau, Mrs Moore, zusammenlebt, und wie er sogar zum Schein ein Studentenzimmer bei ihr einrichtet, als er hört, dass der Vater zu Besuch kommen will – ganz so, als wäre er nur Untermieter. Dass die Beziehung zu Mrs Moore eher einer Knechtschaft glich, wissen wir durch Lewis' Bruder Warren.

Wie er zittert, ob er eine Stelle an der Universität bekommt, und dann von seiner ersten Vorlesung berichtet.

Die Freude, als er in der Genesungsphase nach einer Krankheit *lesen* kann ohne schlechtes Gewissen, weil er fürs Arbeiten noch nicht kräftig genug ist. Er fragt: »Wirst du mich für verrückt halten, wenn ich sage, dass ich eine Erkältung zu den kleinen Freuden des Lebens zähle?«[89]

Wenn er über den Glauben und über seine Freundschaften schreibt, bin ich tief berührt. Seinem besten Freund Arthur Greeves erzählt er im Brief:

> *»Letzten Sonntag konnte ich dir nicht schreiben, da ich einen Wochenendgast hatte – einen Mann namens Dyson, der Englisch an der Reading-Universität lehrt. Ich treffe ihn vielleicht vier-, fünfmal im Jahr und fange an, ihn als einen meiner Freunde der zweiten Riege zu betrachten – nicht auf dem Stand von dir oder Barfield, aber auf einer Ebene mit Tolkien oder Macfarlane. Er hat die Nacht bei mir im College verbracht – ich habe ausgeschlafen, damit ich in der Lage bin, bis tief in die Nacht aufzubleiben und zu reden, wie man es hier draußen kaum könnte. Tolkien kam auch vorbei und ist erst morgens um 3 gegangen; und nachdem wir ihn bis zu dem kleinen Ausfalltor an der Magdalen Bridge begleitet hatten, fanden Dyson und ich immer noch mehr, was wir einander mitzuteilen hatten, während wir den Kreuzgang des Neuen Gebäudes auf und ab gingen, sodass wir nicht vor 4 ins Bett kamen. Es war wirklich ein denkwürdiger Spaziergang!*
>
> *Angefangen haben wir (auf Addisons Pfad direkt nach dem Abendessen) mit Metaphern und Mythen – unterbrochen von einem Windstoß, der so plötzlich durch den*

stillen, warmen Abend schoss und so viele Blätter von den Bäumen regnen ließ, dass wir dachten, es regne. Wir hielten alle den Atem an, die beiden anderen genossen die Ekstase dieses Erlebnisses fast so sehr, wie du es getan hättest. Dann sprachen wir (in meinem Zimmer) über das Christentum: ein gutes, langes, befriedigendes Gespräch, in dem ich eine Menge lernte. Wir diskutierten über den Unterschied zwischen Liebe und Freundschaft – und drifteten dann wieder zurück zu Lyrik und Büchern. […]

Ich bin so froh, dass du einen weiteren Morris genießen konntest. […] Ich habe mehr und mehr das Gefühl, dass Morris mich Dinge gelehrt hat, die er selbst nicht verstanden hat. Diese ergreifend schönen Gefilde, die irgendwie nie ganz befriedigen – diese Leidenschaft, dem Tod zu entfliehen, und gleichzeitig das sichere Wissen, dass das Leben seinen ganzen Charme der Sterblichkeit verdankt – all dies treibt einen zu den wahren Dingen, weil es einen mit Sehnsucht erfüllt und zugleich klar beweist, dass in Morris' Welt diese Sehnsucht nie erfüllt werden kann.

Die Mac Donald'sche Auffassung des Todes [›Alles, was nicht Gott ist, ist Tod‹] – oder, um es noch korrekter auszudrücken, die Auffassung des Heiligen Paulus – ist eigentlich die Antwort auf Morris. Er ist ein unfreiwilliger Zeuge der Wahrheit. Er zeigt, wie weit man gehen kann, ohne Gott zu kennen, und das ist weit genug, um einen dazu zu zwingen (wenn auch nicht den armen Morris selbst), noch weiter zu gehen. Wenn du jemals in Versuchung gewesen bist, dich auf einen profanen Standpunkt zurückzuziehen – dass dein Buch, deine Pfeife und dein Sessel ausreichen, um glücklich zu sein –, dann braucht es nur eine oder zwei Seiten von Morris, um dich wieder zu unkontrollierter Sehnsucht aufzuwecken und dir das Gefühl zu geben, dass alles wertlos ist außer der Hoffnung, eines seiner Länder zu finden. Doch wenn du eine seiner Romanzen durchliest, dann wird dir das Land schon vor dem Ende langweilig. Alles, was er getan hat, ist, die Sehnsucht zu wecken; aber dies so stark, dass du die wahre Befriedigung finden musst. Und dann wird dir klar, dass der Tod an der Wurzel der ganzen Angelegenheit liegt, und warum er das Thema des irdischen Paradieses gewählt hat, und dass die wirkliche Lösung eine ist, die er nie gesehen hat. [...]

Hier ist der perfekte Herbst – gelbe Farbtupfer an allen Bäumen und herrliche Düfte. Wir sind den ganzen Tag draußen gewesen und haben Bäume beschnitten.«[90]

C. S. Lewis spürt, dass er nach langen Jahren wieder begonnen hat zu glauben. Er beschreibt es als allmählichen Prozess. Am Ende habe es sich angefühlt, wie wenn ein Mensch nach langem Schlaf immer noch regungslos im Bett liegt, aber sich dessen bewusst wird, dass er erwacht ist.[91]

Er kannte auch Verzweiflung. Einmal schrieb er an seinen Freund Owen Barfield:

»Die Dinge standen noch nie schlechter in The Kilns [das Haus, in dem er mit seinem Bruder und Mrs Moore lebt]. [...] Natürlich liegen die wahren Probleme im Inneren. Alles wäre erträglich, wenn ich vor diesem inneren Sturm (buffera infernal) aus Selbstmitleid, Zorn, Neid, Grauen, Angst und allgemeinem Unsinn erlöst wäre!«[92]

Eine Woche später relativiert er: *»Ich bereue bereits meinen letzten Brief, außer in der Hinsicht, dass er einen so wertvollen von dir hervorgebracht hat. Es war zu 2/3 schlechte Laune und Melodrama. [...] Recht offensichtlich kann man eine alte, halb gelähmte Dame nicht für Tage oder auch nur Stunden allein in einem Haus lassen, und die Pflicht, sich um seine Leute zu kümmern, obliegt uns allen und ist verbindlich.«*[93]

Und immer wieder geht es um theologische Fragen, die er sorgfältig abwägt. Am 17. Juli 1953 schrieb er an eine Mrs Johnson:

»Ich bin sehr froh, dass Sie erkennen, dass das Christentum widerstandsfähig ist: hart und sanft gleichzeitig. Es ist die Mischung, die es ausmacht: keine der beiden Eigenschaften wäre ohne die andere etwas wert. Sie müssen sich auch keine Gedanken machen, weil Sie sich nicht mutig fühlen. Unser Herr hat das auch erlebt – denken Sie nur an die Szene im Garten Gethsemane.

Wie dankbar bin ich, dass Gott, als er Mensch wurde, nicht beschlossen hat, ein Mann mit eisernen Nerven zu werden; das hätte Schwächlingen wie Ihnen und mir nicht halb so viel geholfen.

[…] ›Kommt Gott mir real vor?‹ Das wechselt; ebenso wie eine Menge anderer Dinge, an die ich fest glaube (mein eigener Tod, das Sonnensystem) sich manchmal mehr und manchmal weniger real anfühlen. Ich habe Träume geträumt, aber keine Visionen gehabt; aber eigentlich denke ich nicht, dass das irgendetwas bedeutet. Und die Heiligen sagen, dass Visionen unwichtig sind. Wenn unser Herr Ihnen (körperlich) während des Gebets erschienen sein sollte, was hätten Sie da tun sollen, als weiterzubeten? Wie könnten Sie wissen, dass es keine Halluzination war?

Nein, nein, ich glaube nicht, dass es Artus, Merlin etc. wirklich gegeben hat; sie alle sind Teil einer Geschichte. [Er bezieht sich auf seinen Roman That Hideous Strength.] Ich habe nicht den Schimmer einer Ahnung, ob es den Heiligen Gral gegeben hat oder nicht. Natürlich glaube ich daran, dass Menschen auch heute noch geheilt werden: ob das in einem speziellen Fall wirklich geschehen ist, kann man natürlich nicht sagen, wenn man nicht einen richtigen Arzt, der auch ein richtiger Christ ist, die gesamte Krankengeschichte durchgehen lässt …«[94]

Dieses Vereinen von felsenfester Überzeugung und kritischem Hinterfragen schätze ich an C. S. Lewis.

Die Macht der Worte

Martin Luther brachte eine besondere Form des Briefs zu neuer Blüte: den offenen Brief. Dank seiner Fähigkeit, anschaulich und mitunter auch scharf zu formulieren, war er dafür prädestiniert. Er wurde zum Vorbild für jeden in den nachfolgenden Jahrhunderten, der in einem offenen Brief Missstände zu bekämpfen hatte.

Ein Beispiel aus der Werkstatt dieser Luther-Nachfolger, das mich mit seinem Mut sehr beeindruckt hat, ist der offene Brief, den der 28-Jährige Klaus Mann an die Schauspielerin Emmy Sonnemann schrieb, nachdem sie am 10. April 1935 im Berliner Dom den Erfinder der Konzentrationslager und der Geheimen Staatspolizei, Hermann Göring, geheiratet hatte (übrigens wurde allen Berliner Arbeitnehmern für die prachtvolle Hochzeit eine »Spende« vom Lohn abgezogen).

Klaus Mann schickte seinen offenen Brief, adressiert an die Braut, ans *Pariser Tageblatt*, wo er veröffentlicht wurde. Anschließend schmuggelten Widerständler den Brief in einer illegalen, reclamheft-ähnlichen Tarnschrift ins Nazireich.

> *»Ekeln Sie sich denn nie? Und wenn Sie sich schon nie ekeln: haben Sie niemals Angst? Es kommen doch Stunden, da Sie allein sind – der Hochzeitsrummel kann*

nicht ewig währen, und es gibt nicht jeden Abend große Diner[s]. Der dicke Herr Gemahl ist unterwegs – er sitzt vielleicht in seinem Büro und unterschreibt Todesurteile oder er inspiziert Bombenflugzeuge. Es ist dunkel geworden, Sie sind einsam in Ihrem schönen Palais. Kommen da nicht Gespenster? Treten hinter den üppigen Portieren nicht die Erschlagenen aus den Konzentrationslagern hervor, die zu Tode Geschundenen, die auf der Flucht Erschossenen, die Selbstmörder? Erscheint nicht ein blutiges Haupt? Es ist vielleicht Erich Mühsam – ein Dichter –, und es war doch Ihr Beruf, Dichterworte zu sprechen, ehe Sie die Mutter eines verdammten Landes wurden, das von seinen Dichtern die Mutigen totschlägt oder verbannt.«

Und er fragt: *»Spielen Ihre Finger so ganz unbekümmert mit den Juwelen, die der Märchengatte Ihnen geschenkt hat? […] Schmerzt Sie das Diadem für 40 000 RM nicht in der blonden Frisur?«*[95]

Diktatoren fürchten solche offenen Briefe. Mit Recht.

„Warum läßt Du mich allein?"

Rosa Luxemburg und Leo Jogiches

Wir kennen Rosa Luxemburg als kommunistische Märtyrerin. Sie forderte die »Diktatur des Proletariats« und wurde im Ostblock in einer Art Heldenmythos verehrt. Rosa Luxemburg hatte aber auch Seiten, die weniger beachtet werden.

Eigentlich hieß sie Rozalia Luksenburg. Sie wurde in eine jüdische Familie in Zamość im heutigen Ostpolen geboren (das die Nationalsozialisten während der Besatzung in »Himmlerstadt« umbenannten) und wuchs in Warschau auf. Mit achtzehn Jahren floh sie in die Schweiz, wo Frauen studieren durften, und widmete sich der Botanik. An der Universität lernte sie Leo Jogiches kennen. Die zwei wurden ein Paar, und die Politik nahm in beider Leben einen immer größeren Raum ein.

Leo war vier Jahre älter als sie und charakterlich völlig anders, was sie faszinierte: Er war geheimnisvoll und verschlossen und stammte aus einer russisch-jüdischen, sehr kultivierten Familie. Manchmal behandelte er Rosa von oben herab, dann wieder konnte er zärtlich und fürsorglich sein. Hochintelligent waren sie beide.

Viele Jahre verbrachten sie getrennt voneinander, mit seltenen kostbaren Besuchen, und schrieben sich Briefe, meist auf Polnisch, manchmal auch auf Russisch. Über tausend Briefe von Rosa an Leo sind erhalten. Aus Paris, wo sie die Exilzeitung Sprawa Robotnicza (»Arbeitersache«) betreut, schreibt sie ihm herrlich neckisch:

»Mein Einziger, Bobo! Wann werde ich Dich sehen? Das fehlt mir so sehr, daß ich einfach in der Seele dürste! [...] Und wieviel schöne Frauen es hier gibt! Eigentlich sind sie alle schön, oder sie scheinen es wenigstens. Nein, Du kommst auf keinen Fall hierher! Sitz Du in Zürich!«[96]

Bald aber beschwert sie sich über seine Kühle und Unpersönlichkeit. Die 23-Jährige schreibt:

»Mein Teurer! Ich war schon sehr böse auf Dich, habe Dir ein paar häßliche Dinge vorzuwerfen. [...] 1. Deine Briefe enthalten ganz und gar nichts außer der Sprawa Robotnicza, Kritik an dem, was ich gemacht habe, und Hinweise, was ich machen soll. Wenn Du empört sagst, daß Du mir doch so viele liebe Worte in jedem Brief schickst, so antworte ich Dir, daß mir zärtliche Wörtchen nicht genügen, und ich würde sie Dir gern schenken für die geringste Mitteilung aus Deinem persönlichen Leben. Kein Wörtchen! Uns verbindet nur die Sache und die Tradition früherer Gefühle. Das ist sehr schmerzhaft.[97]

Es regt sie auf, dass es in ihrem Briefwechsel fast nur um die Arbeit geht, um Artikel, die Heftplanung, Politik:

»Das wäre alles gut, wenn wenigstens neben dem da, außer dem da ein wenig der Mensch, die Seele, das Individuum zu sehen wäre. Und bei Dir gibt es nichts, nichts außer dem da. Hast du in dieser Zeit keine Eindrücke empfangen,

keine Gedanken gehabt, hast Du nichts gelesen, nichts wahrgenommen, was Du mir mitteilen könntest?!«[98]

Aber auch wenn sie sich sehen, leidet Rosa unter Leos Verschlossenheit.

»Teuerster, Liebster, Du bist jetzt nicht bei mir, und meine ganze Seele ist erfüllt von Dir, sie umarmt Dich. Dir erscheint es sicher ungeheuerlich, vielleicht komisch, daß ich Dir diesen Brief schreibe, wir wohnen zehn Schritte voneinander entfernt, wir sehen einander dreimal täglich, übrigens – ich bin doch nur Deine Frau –, wozu also diese Romantik – nachts an den eigenen Mann Briefe schreiben? Ach, mein Goldener, mag es doch der ganzen Welt komisch erscheinen – nur nicht Dir, lies wenigstens Du diesen Brief mit Ernst und mit Herz, mit Gefühl, mit dem Gefühl, mit dem Du meine Briefe damals – in Genf – gelesen hast, als ich noch nicht Deine Frau war. Denn ich schreibe ihn mit dem gleichen Gefühl wie damals, und genauso drängt meine ganze Seele zu Dir, und genauso – überströmen die Augen mir von Tränen (hier lächelst Du sicher – ›mich kann doch jetzt die geringste Kleinigkeit zu Tränen rühren!‹).

Dziodzio, mein Lieber, weißt Du, warum ich Dir einen Brief schreibe, statt mündlich all das zu sagen? Weil ich es nicht mehr verstehe, weil ich es nicht mehr vermag, mit Dir von diesen Dingen so ungezwungen zu sprechen. Ich bin jetzt empfindlich und mißtrauisch wie ein Hase. Die kleinste Geste von Dir oder ein belangloses Wort pressen mir das Herz zusammen und verschließen den Mund. Ich kann nur dann so offen mit Dir sprechen, wenn ich mich von einer warmen, vertrauensvollen Atmosphäre umgeben fühle, und diese pflegt jetzt so selten bei uns zu sein! Sieh, heute floß ich von einem so seltsamen Gefühl über, das diese paar Tage der Einsamkeit und des Nachdenkens in mir geweckt haben, ich hatte Dir so viele Gedanken mitzuteilen, Du aber warst zerstreut, lustig und meintest, Du bräuchtest keine ›Physik‹, das heißt gerade alles das, was mich in diesem Augenblick erfüllte. Das hat mir so weh getan, aber Du hast gemeint, ich wäre ganz einfach unzufrieden, weil Du eilig aufbrichst. […]

Du kannst dir nicht vorstellen, daß mich das tief schmerzt, daß unser Verhältnis für Dich etwas rein Äußerliches ist. […] Oh, ich spüre sehr gut diese Äußerlichkeit – ich spüre sie, wenn ich sehe, wie düster Du bist und Dich schweigend mit irgendwelchen Sorgen oder Unannehmlichkeiten selbst herumplagst und Dein Blick mir sagt – das ist nicht Deine Sache, kümmere Dich um Deine Angelegenheiten; ich spüre sie, wenn ich sehe, wie Du, wenn wir irgendeinen größeren Streit hatten, diese Eindrücke in Dir verarbeitest und über unsere Beziehungen nachdenkst und zu irgendwelchen Schlüssen gelangst und irgendwelche Entschlüsse faßt und ich außerhalb all dessen bleibe und nur mit meinem eigenen Hirn überlegen kann, was und wie Du denkst […].

Warum läßt Du mich allein? Ach, mein Gott, ich wende mich so an Dich, dabei ist es vielleicht wahr, was mir immer häufiger so scheint, daß vielleicht – Du mich schon nicht mehr so liebst? Wahrlich, wahrlich – ich fühle das so oft.

Bei mir findest Du jetzt alles so schlecht und häßlich. Du empfindest kaum das Bedürfnis, die Zeit mit mir zu verbringen! […]

Mal denke ich, es wäre am besten, Dich so selten wie möglich zu sehen, ein andermal wieder springe ich auf und möchte alles vergessen und mich Dir in die Arme werfen und mich ausweinen, dann wieder kommt dieser verfluchte Gedanke und flüstert mir zu – laß ihn in Ruhe, er erträgt das alles nur noch aus Taktgefühl – und zwei, drei Kleinigkeiten bestätigen gerade das, in mir steigt Haß auf, und ich möchte Dich quälen, Dich beißen, Dir zeigen, daß ich Deine Liebe nicht brauche, daß ich auch ohne Dich fertig werde, dann wieder quäle und gräme ich mich allein, und so geht es stets im Kreise, im Kreise.«[99]

Sie planen, gemeinsam nach Deutschland zu ziehen, sich dieses Land zu erobern. Im Mai 1898 zieht Rosa nach Berlin, allein erst einmal, und Leo will nachkommen. Er arbeitet in Zürich an seiner Dissertation. Aber er zögert, Monat um Monat vergeht, und er kommt nicht. Rosa schreibt ihm von blauen Flecken, die sie überall auf ihrer Seele spürt[100], und beschwert sich, seine Briefe seien so trocken.[101]

Er rechtfertigt sich, es sei bei ihm nichts geschehen, er wisse nicht, was er schreiben solle. Für sie ist das undenkbar. Aus der inneren Welt ließe sich bestimmt etwas erzählen, sie wünscht sich, dass er über kleine Dinge schreibt, Eindrücke schildert von Begegnungen mit anderen.[102]

Als er daraufhin persönlicher wird, ist sie begeistert und spricht offen von ihren Zukunftsträumen:

> *»Am meisten erfreute mich dieser Absatz in Deinem Brief, in dem Du schreibst, daß wir beide noch jung sind und daß wir es noch schaffen werden, auch unser persönliches Leben einzurichten. Ach, Dziodzio, goldener, wenn Du dieses Versprechen halten würdest! ... Eine eigene kleine Wohnung, ein paar eigene Möbel, eine eigene Bibliothek; ruhige und regelmäßige Arbeit, gemeinsame Spaziergänge, ab und zu die Oper; ein kleiner, ein sehr kleiner Kreis von Bekannten, die man gelegentlich zum Abendbrot einlädt, jedes Jahr im Sommer eine Reise für einen Monat aufs Land, das aber ganz ohne Arbeit! ... (Und vielleicht auch noch so ein kleines, ganz kleines Bobo? Wird es niemals erlaubt sein? Niemals?) [...]*
>
> *Aber bei uns zu Hause werden wir uns schon niemals mehr streiten, nicht wahr? Bei uns muß es ruhig und friedlich sein wie bei allen Leuten. [...]*

Ach Dziodzio, Dziodzio! Laß uns doch möglichst schnell zu zweit vor der ganzen Welt verstecken in zwei Zimmerchen, wir werden arbeiten, werden selbst kochen, und es wird uns so gut, so gut gehen!«[103]

Sie muss ihn regelrecht aus Zürich herbeischreiben. Als er endlich nach Berlin zieht, ist es nicht die gewünschte Rettung für ihre Beziehung. Rosa, die es liebt, halb erfrorene Hummeln aufzuheben und ihnen wieder Leben einzuhauchen, ist selbst eine solche halb erfrorene Hummel geworden. Die Wärme, die sie sich von Leo erhofft, bekommt sie nicht. 1907 trennt sie sich von ihm.

Dennoch bleiben die beiden verbunden, arbeiten zusammen, unterstützen sich. Am 15. Januar 1919 wird Rosa Luxemburg von Soldaten verschleppt und getötet. Ihre Leiche werfen sie in den Berliner Landwehrkanal. Die Tat wird durch die Behörden gedeckt und vertuscht.

Leo aber macht couragiert die Mörder ausfindig. Er veröffentlicht einen aufsehenerregenden Artikel in der Zeitschrift *Die Rote Fahne,* in dem er ans Licht bringt, was in jener Nacht wirklich geschah. Daraufhin wird er verhaftet. Am 10. März 1919, kaum ein Vierteljahr nach Rosas Tod, schießt ihm ein Kriminalwachtmeister in der Zelle im Untersuchungsgefängnis Berlin-Moabit tödlich in den Hinterkopf.

Rosa Luxemburg war auch zuvor schon mehrfach inhaftiert gewesen. So zum Beispiel ab Sommer 1916 in der Festung Wronke bei Posen. Dort blickt sie tagein tagaus auf die »graue verwitterte Rückwand mit der großen halbverwachsenen Aufschrift

›Timners Essigfabrik‹«[104], und obwohl sie immer wieder von Depressionsschüben heimgesucht wird, sucht sie das Schöne im Leben. Aus dem Gefängnis schreibt sie an eine Freundin:

> *»Und dann bleibt mir noch alles, was mich sonst erfreute: Musik und Malerei und Wolken und das Botanisieren im Frühling und gute Bücher und Mimi [ihre Katze] und Du und noch manches – kurz, ich bin steinreich und gedenke es bis zum Schluß zu bleiben. Dieses völlige Aufgehen im Jammer des Tages ist mir überhaupt unbegreiflich und unerträglich. Schau z. B. wie ein Goethe mit kühler Gelassenheit über den Dingen stand. Denk doch, was er erleben mußte: die Große Französische Revolution, die doch aus der Nähe gesehen sicher wie eine blutige und völlig zwecklose Farce sich ausnahm, und dann von 1793 bis 1815 eine ununterbrochene Kette von Kriegen, wo die Welt wiederum wie ein losgelassenes Irrenhaus aussah … Ich verlange nicht, daß du wie Goethe dichtest, aber seine Lebensauffassung – den Universalismus der Interessen, die innere Harmonie – kann sich jeder anschaffen oder wenigstens anstreben. Und wenn Du etwa sagst: Goethe war eben kein politischer Kämpfer, so meine ich: Ein Kämpfer muß erst recht über den Dingen zu stehen suchen, sonst versinkt er mit der Nase in jedem Quark …«*[105]

An einem milden Frühlingstag pflückt sie im Gefängnishof, als sie Ausgang hat, Klee und bindet daraus ein Sträußchen.

In einem ihrer letzten Briefe schreibt sie, immer noch aus dem Gefängnis:

> *»Vergessen Sie nicht, wenn Sie noch so beschäftigt sind, wenn Sie auch nur in dringendem Tagewerk über den Hof eilen, vergessen Sie nicht, schnell den Kopf zu heben und einen Blick auf diese riesigen silbernen Wolken zu werfen und auf den stillen blauen Ozean, in dem sie schwimmen. Beachten Sie doch die Luft, die von leidenschaftlichem Atem der letzten Lindenblüten schwer ist, und den Glanz und die Herrlichkeit, die auf diesem Tage liegen, denn dieser Tag kommt nie, nie wieder! Er ist Ihnen geschenkt wie eine voll aufgeblühte Rose, die zu Ihren Füßen liegt und darauf wartet, daß Sie sie aufheben und an Ihre Lippen drücken.«*[106]

Nach der Haftentlassung bleiben ihr noch siebenundsechzig Tage bis zu ihrer Ermordung.

Auf einer
einzigen Seite
die Welt

Mein älterer Bruder lebt in der Nähe von Washington DC. Als sein Geburtstag näher rückte, stand ich vor der Frage, was ich ihm schenken könnte. Je nach Gewicht ist das Paketporto von Deutschland aus mitunter teurer als das Geschenk selbst. Und es ist dann auch nur wieder ein Ding, ein Objekt mehr im Haus.

Ich beschloss, ihm einen langen Brief zu schreiben. Während ich schrieb, erinnerte ich mich an früher. Wenn man zusammen aufwächst, verbringt man – zumindest in der Kindheit – jeden Tag gemeinsam. Das erste Mal, dass wir Brüder voneinander getrennt waren, hing damit zusammen, dass er nach Österreich ins Internat ging. Damals begannen wir, uns Briefe zu schreiben. Zuerst fühlte es sich merkwürdig an. Dann aber wurde es eine schöne Gewohnheit, die uns die Verbindung zueinander aufrechterhalten ließ.

Was ein Brief kann! Auf einer einzigen Seite eröffnet er die Welt. Wir teilen durch ihn Schönheit und Leid, finden tiefe Gedanken, können einander unsere Zuneigung erklären oder gemeinsam Probleme lösen. Und er kann uns sogar Heimat geben.

Bei Lesungen bin ich manchmal nicht im Hotel, sondern bei den Veranstaltern im Gästezimmer untergebracht. Einmal kam ich in Kiel in mein Zimmer und sah einen winzigen Brief auf dem Kopfkissen liegen. *Für Titus,* stand in Kinderschrift darauf. Ich entnahm ihm einen Zettel, auf dem Smilla, die Schulanfängerin der Familie, mich willkommen hieß, und auf den sie einen herzförmigen gestreiften Ballon gemalt hatte. Ich stand in einem fremden Zimmer in einer fremden Stadt, und ich hielt einen kleinen Brief in der Hand – und fühlte mich plötzlich zu Hause.

Wir Menschen lernen uns in Briefen gegenseitig auf eine besonders intensive Art kennen und geben viel von unserer Persönlichkeit preis. Oft schreibe ich in meinen Romanen über Personen, die nicht mehr leben. Durch ihre Briefe komme ich ihnen nahe, kann ihre Art, ihr Inneres erahnen, wie es mir Erzählungen anderer Menschen über sie nicht offenbaren können.

Wer wird uns noch so kennen? Wir sind bloß Datensätze bei Google und Amazon und Facebook, darin geht es um Alter, Geschlecht und Verdienst – vor allem um den Verdienst –, und um unsere Kaufinteressen.

Aber unsere Persönlichkeit?

Ich finde in den Briefen Gefühle, Bekenntnisse und Aufrichtigkeit, ich komme dem Briefschreiber, obwohl ich ihm nie begegnet bin, näher als vielen Menschen meiner Umgebung, mit denen ich Alltäglichkeiten austausche, aber nichts Tiefes. Ich fühle mich, wenn ich einen Briefwechsel gelesen habe, als wäre auch ich ein Freund der Person geworden.

Zeitlose Zeugnisse

Oft verblüfft mich, wie sehr sich Details aus dem Leben vor Jahrhunderten mit den Gegebenheiten meines Lebens decken. Die Menschen im 15. Jahrhundert wünschten sich, dass ihre

Liebe erwidert wurde (es gibt eifersüchtige Briefe aus dieser Zeit, die hochmodern sein könnten). Sie hatten Geldsorgen oder Gesundheitsprobleme und freuten sich an den kleinen Dingen des Lebens.

Alessandra Strozzi schrieb aus Florenz am 4. März 1468 an ihren Sohn Filippo degli Strozzi voller Stolz auf das Enkelkind nach Neapel:

> *»Du wunderst dich nicht einmal, dass Alfonso sich so aufgeweckt zeigte, als ich ihm das Lesen beibrachte. Ich kann dir nur sagen, könntest du ihn sehen, würdest du ihn noch klüger finden, als ich es dir beschreibe. Ich versichere dir, man braucht ihm alles nur einmal vorzusagen und er hat es verstanden. Eines Abends kam mir in den Sinn, ihm ins Ohr zu flüstern: Papi ist in Neapel. Das haben wir ihm nicht zum zweiten Male sagen müssen; sobald er danach gefragt wird, sagt er: Papi in Napi. Und so macht er es mit allem; das ist ein Zeichen für sein gutes Gedächtnis. Ich weiß, du wirst über mein Geschreibsel lachen und sagen, ich sei eine dumme Gans. Auf der anderen Seite aber findest du, wie ich weiß, Trost und Freude daran, und dein Verlangen wächst, ihn wiederzusehen. Gott schenke uns die Gnade, dass es bald und in Freude und Heiterkeit geschieht.«*[107]

1468! Da war der Radiergummi noch nicht erfunden und auch nicht die Toilettenspülung, nicht einmal das Fahrrad, es gab weder das Fernrohr noch den Blitzableiter. Aber das

Glücksgefühl darüber, ein lerneifriges Kind in der Familie zu haben, hat sich seitdem kaum verändert.

Wir drücken uns anders aus, haben andere Worte. Unsere Sehnsüchte sind dieselben geblieben.

Über die Autoren

Foto: © Sandra Frick

Titus Müller: Während des Studiums von Literatur, Geschichtswissenschaften und Publizistik veröffentlichte Titus Müller seinen ersten historischen Roman: »Der Kalligraph des Bischofs«. Es folgten weitere Romane, zuletzt »Tanz mit mir, Aurelia« und »Die goldenen Jahre des Franz Tausend«, sowie erzählende Sachbücher über das Glück im Alltag. Titus Müller wurde mit dem C.S. Lewis-Preis und dem Sir Walter Scott-Preis ausgezeichnet und ist Mitglied des PEN-Clubs. Er ist verheiratet, hat zwei kleine Söhne und lebt mit seiner Familie in Landshut.

www.titusmueller.de

Foto: Tim Korbmacher Photography

Gaby Trombello-Wirkus: Ihr Lebensmotto: »Einfach mal machen, täglich lernen und schauen, wie weit ich komme«, führte Gaby Trombello-Wirkus ohne Italienischkenntnisse zum Grafik-Studium nach Florenz, zur Gründung einer Werbeagentur mit 20-jähriger Erfolgsgeschichte, durch das tägliche Leben mit ihrer lebhaften deutsch-italienischen Familie und nun in den SCHRIFTSCHATZ, ihre Schreibwerkstatt in einem verwunschenen Hinterhof in Düsseldorfs Kreativ-Kietz Flingern. Hier können begeisterte Workshopteilnehmer die Freude am schönen Schreiben mit der Hand wiederentdecken.

www.schriftschatz.de

Verwendete Literatur (gut geeignet zum Weiterlesen)

Titus Müller:

Jurek Becker: Am Strand von Bochum ist allerhand los. Postkarten, hrsg. von Christine Becker, Berlin 2019.

Ludwig van Beethoven: Briefwechsel, Gesamtausgabe, Band 1: 1783–1807, und Band 2: 1808–1813, hrsg. von Sieghard Brandenburg, München 1996.

Karlheinrich Biermann: Antoine de Saint-Exupéry, Reinbek 2012.

Jan Caeyers: Beethoven: Der einsame Revolutionär, München 2020.

Christine Eichel: Der empfindsame Titan. Ludwig van Beethoven im Spiegel seiner wichtigsten Werke, München 2019.

Barbara Ellermeier: Dietrich Bonhoeffer. Es lebe die Freiheit!, München 2018.

Simon Garfield: Briefe! Ein Buch über die Liebe in Worten, wundersame Postwege und den Mann, der sich selbst verschickte, Darmstadt 2015.

Walter Hooper (Hrsg.): The Collected Letters of C. S. Lewis. Volume I: Family Letters 1905–1931, New York 2004.

Walter Hooper (Hrsg.): The Collected Letters of C. S. Lewis. Volume III: Narnia, Cambridge, and Joy 1950–1963, New York 2007.

Franz Kafka: Briefe an Felice Bauer und andere Korrespondenz aus der Verlobungszeit, hrsg. von Hans-Gerd Koch, Frankfurt/Main 2015.

Rosa Luxemburg: Die Liebesbriefe, hrsg. von Jörn Schütrumpf, Berlin 2012.

Klaus Mann: Aufsätze, Reden, Kritiken, hrsg. von Uwe Naumann und Michael Töteberg, Band II, Reinbek 1992.

Petra Müller, Rainer Wieland (Hrsg.): »Schreiben Sie mir, oder ich sterbe«. Liebesbriefe berühmter Frauen und Männer, München/Berlin 2016.

Carl von Ossietzky: Sämtliche Schriften, Band VII: Briefe und Lebensdokumente, hrsg. von Bärbel Boldt, Gerhard Kraiker u. a., Reinbek 1994.

Harry Rowohlt: Der Kampf geht weiter! Schönen Gruß, Gottes Segen und Rot Front. Nicht weggeschmissene Briefe, hrsg. von Anna Mikula, München 2006.

Robert und Clara Schumann: Briefe einer Liebe, hrsg. von Hanns-Josef Ortheil, Königstein 1982.

Consuelo de Saint-Exupéry: Die Rose des kleinen Prinzen. Erinnerungen an eine unsterbliche Liebe, hrsg. von Alain Vircondelet, München 2001.

Consuelo de Saint-Exupéry: Sonntagsbriefe, München 2002.

Reiner Stach: Kafka. Die Jahre der Entscheidungen 1910–1915, Frankfurt am Main 2002.

Birgit Vanderbeke (Hrsg.): »Ich bin ganz, ganz tot, in vier Wochen«. Bettel- und Brandbriefe berühmter Schriftsteller, Berlin 2006.

Shaun Usher (Hrsg.): Letters of Note. Briefe, die die Welt bedeuten, München 2014, S. 366.

Josef Weinheber: Briefe an Maria Mahler, hrsg. von Paul Zugowski, Gütersloh 1952.

Gaby Trombello-Wirkus:

Tinte selbst herstellen:

Jason Logan: Make Ink. Ein Leitfaden zur Herstellung natürlicher Tinte, Berlin 2019.

Buchtipps mit praktischen Anleitungen zur Verbesserung der Handschrift:

Barbara Nichol: Schreibmeister – ein Leitfaden zur Handschrift, 25 Lektionen, Übungsseiten, Illustrationen, Erklärungen, Geschichtliche Entwicklung, Neumarkt 2018.

Mia Reutter: Schreib mal wieder mit der Hand. Wie Sie Ihre Handschrift neu entdecken, verbessern und dabei Ihre Persönlichkeit entwickeln können, Stuttgart 2018.

Anhang

1 Consuelo de Saint-Exupéry: Sonntagsbriefe, München 2002, S. 172.
2 Shaun Usher (Hrsg.): Letters Of Note – Briefe, die die Welt bedeuten, München 2014.
3 Brief vom 1. September 1835, in: Robert und Clara Schumann: Briefe einer Liebe, hrsg. von Hanns-Josef Ortheil, Königstein 1982, S. 26.
4 Brief vom 15. August 1837, in: Robert und Clara Schumann: Briefe einer Liebe, S. 29.
5 Brief vom 19. August 1837, ebd., S. 30.
6 Brief vom 9. Oktober 1837, ebd., S. 37.
7 Brief vom 18. Januar 1838, ebd., S. 71.
8 Brief vom 12. Dezember 1837, ebd., S. 56.
9 Brief vom 3. November 1837, ebd., S. 40.
10 Brief vom 17. November 1837, ebd., S. 45.
11 Brief vom 17. März 1838, ebd., S. 96.
12 Brief vom 12. November 1837, ebd., S. 43.
13 Brief vom 8. März 1838, ebd., S. 91.
14 Brief vom 3. April 1838, ebd., S. 99.
15 Brief vom 3. November 1837, ebd., S. 40.
16 Brief vom 5. Januar 1838, ebd., S. 70.
17 Brief vom 3. April 1838, ebd., S. 99.
18 Brief vom 8. November 1837, ebd., S. 42.
19 Brief vom 28. August 1913 an Carl Bauer, Briefe 1913–1914, hrsg. von Hans-Gerd Koch, Frankfurt/Main 2001, S. 272, zitiert nach: Reiner Stach: Kafka. Die Jahre der Entscheidungen 1910–1915, Frankfurt am Main 2002, S. 20.
20 Brief vom 20. September 1912, in: Briefe an Felice Bauer und andere Korrespondenz aus der Verlobungszeit. Hrsg. von Hans-Gerd Koch, Frankfurt/Main 2015, S. 7.
21 Brief vom 28. September 1912, ebd., S. 10.
22 Ebd.
23 Brief vom 1. November 1912, ebd., S. 33.
24 Ebd., S. 34.

25 Brief vom 1. November 1912, ebd., S. 36.
26 Reiner Stach: Kafka. Die Jahre der Entscheidungen 1910–1915, Frankfurt am Main 2002, S. 158.
27 Brief vom 1. November 1912, ebd., S. 34.
28 Brief vom 11. Dezember 1912, ebd., S. 162. (Hier auch seine Frage, was sie anhat und in welchen Kasten sie die Post einwirft.)
29 Brief vom 23. Oktober 1912, ebd., S. 14.
30 Brief vom 31. Oktober 1912, ebd., S. 31 f.
31 Brief vom 11. November 1912, ebd., S. 59.
32 Brief vom 11. November 1912, ebd., S. 61.
33 Brief vom 4. November 1912, ebd., S. 43.
34 Brief vom 14. November 1912, ebd., S. 63.
35 Brief vom 8. November 1912, ebd., S. 51 f.
36 Brief vom 27. Oktober 1912, ebd., S. 29.
37 Brief vom 14./15. November 1912, ebd., S. 64.
38 Brief vom 14./15. November 1912, ebd., S. 64 f.
39 Brief vom 14. November 1912, ebd., S. 63.
40 Gerlind Reinshagen: Atem anhalten, Berlin 2018, S. 18.
41 Harry Rowohlt: Der Kampf geht weiter! © 2017 by KEIN & ABER AG Zürich-Berlin 2017, S. 261. Abdruck mit freundlicher Genehmigung des Verlags.
42 Ebd., S. 378.
43 Karte an Uli Hermann vom 13.8.1986, in: Jurek Becker: Am Strand von Bochum ist allerhand los. Postkarten, hrsg. von Christine Becker, © Fuhrkamp Verlag Berlin 2018, S. 24. Abdruck mit freundlicher Genehmigung des Verlags.
44 Karte vom 4.12.1987, ebd., S. 58.
45 Karte vom 2.12.1987, ebd., S. 93.
46 Ebd., S. 117.
47 Ebd., S. 121.
48 Ebd., S. 270.
49 Ebd., S. 274.
50 Ebd., S. 285.
51 Ebd., S. 318.
52 Ebd., S. 339.
53 Ebd., S. 149.
54 Ebd., S. 117.
55 Ebd., S. 123.
56 Ebd., S. 318.
57 Josef Weinheber: Briefe an Maria Mahler, hrsg. von Paul Zugowski, Gütersloh 1952.

58 https://www.deutschepost.de/de/b/briefumschlag-richtig-beschriften.html

59 Brief von 1943 (ohne genaue Datumsangabe), in: Consuelo de Saint-Exupéry: Sonntagsbriefe, S. 87.

60 Ebd., S. 51.

61 Brief vom Sommer 1943, ebd., S. 46 f.

62 Brief vom Herbst 1943, ebd., S. 57.

63 Brief vom Herbst 1943, ebd., S. 57.

64 Undatierter Brief, ebd., S. 170.

65 Brief von Heinrich Heine an Julius Campe vom 23. Januar 1837, in: Birgit Vanderbeke (Hrsg.): »Ich bin ganz, ganz tot, in vier Wochen«. Bettel- und Brandbriefe berühmter Schriftsteller, Berlin 2006, S. 24 f.

66 Brief von Heinrich Heine an Julius Campe vom 16. November 1849, ebd., S. 26.

67 Jürgen Overhoff: Benjamin Franklin. Erfinder, Freigeist, Staatenlenker, Stuttgart 2006. Abbildung: www.meisterdrucke.de

68 Business Insider, Abbildung: www.karrierebibel.de

69 Theo Sommer: Unser Schmidt. Der Staatsmann und der Publizist, Hamburg 2010, Abbildung: www.wikipedia.de

70 Eberhard Bethge, Ernst Feil, Christian Gremmels u. a. (Hrsg.): Finkenwalder Rundbriefe. Briefe und Texte von Dietrich Bonhoeffer und seinen Prediger-seminaristen 1935–1946, Gütersloh 2015, zitiert nach Barbara Ellermeier: Dietrich Bonhoeffer. Es lebe die Freiheit!, München 2018, S. 92 f.

71 Brief vom 23. Februar 1935, in: Carl von Ossietzky: Sämtliche Schriften, Band VII: Briefe und Lebensdokumente, hrsg. von Bärbel Boldt, Gerhard Kraiker u. a., Reinbek 1994, S. 615.

72 Brief vom 15. Juli 1935, in: Ebd., S. 629.

73 Brief vom März/April 1805, in: Sieghard Brandenburg (Hrsg.): Ludwig van Beethoven. Briefwechsel, Gesamtausgabe, Band 1: 1783–1807, München 1996, S. 250 f.

74 Ebd.

75 Klaus Martin Kopitz, Rainer Cadenbach: Beethoven aus der Sicht seiner Zeitgenossen, München 2009, S. 133 f.

76 Brief vom Frühjahr 1805, in: Sieghard Brandenburg (Hrsg.): Ludwig van Beethoven. Briefwechsel, Gesamtausgabe, Band 1: 1783–1807, München 1996, S. 247.

77 Brief vom 22. April 1801, in: Ebd., S. 69.

78 Brief vom März/April 1805, in: Ebd., S. 250 f.

79 Briefentwurf vom Frühjahr 1805, in: Ebd., S. 248.

80 zitiert nach Christine Eichel: Der empfindsame Titan. Ludwig van Beethoven im Spiegel seiner wichtigsten Werke, München 2019, S. 183.

81 Brief vom 6. Juli 1812, in: Sieghard Brandenburg (Hrsg.): Ludwig van Beethoven. Briefwechsel, Gesamtausgabe, Band 2: 1808–1813, München 1996 Ebd., S. 268 ff.

82 Brief vom 7. Juli 1812, in: Ebd., S. 271.

83 Brief vom 8. Mai 1816, in: Dr. F. G. Wegeler und Ferdinand Ries: Biographische Notizen über Ludwig van Beethoven, Koblenz 1838, S. 141.

84 zitiert nach Jan Caeyers: Beethoven, S. 563.

85 *Apologeticum atque rescriptum Claudii episcopi adversus Theutmirum abbatem*, Monumenta Germania Historica, Epp. 4,610–613.

86 Ebd.

87 *A Letter always feels to me like immortality because it is the mind alone without corporeal friend.* In einem Brief an Thomas Wentworth Higginson vom Juni 1869 (Übersetzung vom Autor), siehe auch Simon Garfield: Briefe! Ein Buch über die Liebe in Worten, wundersame Postwege und den Mann, der sich selbst verschickte, Darmstadt 2015, S. 285.

88 Shaun Usher (Hrsg.): Letters of Note. Briefe, die die Welt bedeuten, München 2014, S. 366. Übersetzung: Zoë Beck.

89 Brief vom 25. Januar 1926, in: Walter Hooper (Hrsg.): The Collected Letters of C. S. Lewis. Volume I: Family Letters 1905–1931, New York 2004, S. 660.

90 Brief vom 22. September 1931, in: Walter Hooper (Hrsg.): The Collected Letters of C. S. Lewis. Volume I: Family Letters 1905–1931, New York 2004, S. 969 ff.

91 C. S. Lewis: Überrascht von Freude, Gießen 1998, S. 283.

92 Brief vom 16. Dezember 1947, in: Walter Hooper (Hrsg.): The Collected Letters of C. S. Lewis. Volume II: Books, Broadcasts, and the War 1931–1949, New York 2004, S. 817 f.

93 Brief vom 22. Dezember 1947, in: Ebd., S. 818.

94 Walter Hooper (Hrsg.): The Collected Letters of C. S. Lewis. Volume III: Narnia, Cambridge, and Joy 1950–1963, New York 2007, S. 347 ff.

95 Klaus Mann: Aufsätze, Reden, Kritiken, hrsg. von Uwe Naumann und Michael Töteberg, Band II, Reinbek 1992, S. 288.

96 Brief vom 11. März 1894, in: Jörn Schütrumpf (Hrsg.): Rosa Luxemburg. Die Liebesbriefe, Berlin 2012, S. 18 f.

97 Brief vom 25. März 1894, in: Ebd., S. 23 f.

98 Ebd.

99 Brief vom 16. Juli 1897, in: Ebd., S. 43 ff.

100 Brief vom 17. Mai 1898, in: Ebd., S. 51.

101 Brief vom 27. Juli 1899, in: Ebd., S. 109.

102 Brief vom 19. November 1899, in: Ebd., S. 111.

103 Brief vom 6. März 1899, in: Ebd., S. 94 f.

104 Brief vom 10. März 1917, in: Ebd., S. 8.

105 Brief vom 7. Januar 1917, in: Ebd., S. 306 f.

106 Brief vom 6. Juli 1917, in: Ebd., S. 280.

107 Klaus Arnold (Hrsg.): In Liebe und Zorn. Briefe aus dem Mittelalter, Ostfildern 2003, S. 127; der Brief ins Deutsche übersetzt von Alfred Doren (Hrsg.): Alessandra Macinghi negli Strozzi. Briefe, Jena 1927.

in der SCM Verlagsgruppe GmbH,
Dillerberg 1, 35614 Asslar

1. Auflage 2020
Bestell-Nr. 835272
ISBN 978-386334-272-2

Umschlaggestaltung: Mareike Schaaf
Satzlayout & Herstellung: Immanuel Grapentin
Satz: Uhl + Massopust, Aalen
Druck und Verarbeitung: GGP Media GmbH, Pößneck
Printed in Germany

www.adeo-verlag.de